LE MONDE D'APRÈS

Sous la direction
de
DANIELLE COHEN-LEVINAS

LE MONDE D'APRÈS

7 octobre 2023

LES ÉDITIONS DU CERF

www.editionsducerf.fr
24, rue des Tanneries
75013 Paris

ISBN : 978-2-204-16729-1

La barbarie est sans pourquoi

Danielle Cohen-Levinas

On aurait pu commencer par une explication de texte, rappeler la situation géopolitique conflictuelle dans laquelle le Proche et le Moyen-Orient sont plongés depuis la fin de la Seconde Guerre mondiale. On aurait pu commencer par le commencement : 1948, date de la création de l'État d'Israël, qui marque l'entrée en guerre des pays arabes contre ce nouvel État, l'exil des populations, la question israélo-palestinienne, sans compter la montée de l'islamisme radical qui constitue un facteur de déstabilisation de la région après la guerre froide. On aurait pu d'emblée, pour introduire les massacres du 7 octobre 2023, expliquer, voire légitimer pour certains, les actes du Hamas, en s'insurgeant contre le conflit territorial et colonial, la présence des colonies juives en Cisjordanie, ou encore le gouvernement de Netanyahou avec notamment la réforme judiciaire antidémocratique. Bref, on aurait pu inscrire la date du 7 octobre 2023 dans le prolongement logique d'une succession d'événements venant comme justifier l'injustifiable ou tenter de le minimiser, de lui trouver une logique rationnelle de riposte, autrement dit, de dissoudre la monstruosité des attaques terroristes du Hamas dans un processus causal, dans lequel le conflit israélo-palestinien est majoritairement analysé au travers l'axe binaire dominants-dominés, oppresseurs-oppressés. Mais en définitive, si chacun de ces arguments requiert une composante rationnelle, aucun d'entre eux n'est à la hauteur de la détermination génocidaire que le Hamas a déployé ce jour-là à l'encontre des civils israéliens. La barbarie est sans pourquoi.

« Sans pourquoi » : l'expression est le symptôme d'un monde dévasté, car ce qui s'agite précisément au fond de cette question n'est autre que la disparition du sens même de la cause. C'est bien d'un tragique à l'état brut qu'il s'agit, jusqu'à une pétrification de la pensée elle-même qui bute sur un impensable. Cette question, pour autant que les auteurs qui ont contribué à cet ouvrage s'emploient à y apporter des éléments de réflexion inachevées, aucun n'y répond par une rhétorique du « parce que... » ; ou du moins, chaque texte s'efforce de ne pas échouer dans des affects déjà très éprouvés ou enfermés dans des vérités historicistes, déjà effondrées ou désorientées. Aucune voix, fut-elle celle d'un intellectuel aguerri, d'un historien savant, d'un philosophe ou d'un politologue ne prétend ici être adéquate avec ce qui s'est passé ce jour-là, le 7 octobre dernier, et le jour d'après, et le jour du jour d'après – hélas, le décompte des jours croît toujours. Aujourd'hui, depuis le carnage du 7 octobre 2023, plus aucune conscience n'est en paix devant les morts civils, israéliens et palestiniens. Une dialectique à l'arrêt, ou la violence succède à la violence.

Qu'est-ce qu'un monde sans pourquoi ? Peut-on vraiment répondre à une telle question, dont l'ampleur hyperbolique suscite un effroi sans précédent face à l'arbitraire, réactivé par une logique criminelle d'escalade, de terrorisme apocalyptique, et de résistance révolutionnaire ?

Citons Primo Levi, racontant qu'un jour, en plein hiver, dans le camp d'extermination d'Auschwitz où il fut déporté en décembre 1943, il eût très soif. Cherchant à étancher sa soif, il vit que sur le bord de la fenêtre du baraquement où il se trouvait au *Lager*[1], des

1. Le *Lager* désigne un lieu hors du monde, une réalité cauchemardesque dans laquelle il s'agit pour les détenus de survivre.

morceaux de glace amoncelés formaient une congère. Il sortit du baraquement pour casser un de ces morceaux et l'amener jusqu'à ses lèvres, mais un kapo allemand interrompit brutalement son geste. Primo Levi leva le regard vers lui et demanda : « *Warum* ? » (Pourquoi ?), « *Hier ist kein Warum* » (Ici il n'y a pas de pourquoi), répondit le kapo.

Il ne s'agit pas dans ce livre collectif de comparer la nature des « pourquoi », mais de montrer par analogie que la barbarie suscite une rupture brutale de la rationalité, déchirant les certitudes accomplies ou inaccomplies, les espoirs, voire les attentes, l'utopie d'une paix juste et pérenne. Face à l'ampleur de l'événement du 7 octobre 2023, les mécanismes fondamentaux qui font qu'un être humain est un être humain sont en quelque sorte ravagés. La barbarie efface jusqu'à l'idée même d'humanité. La potentialité de l'inhumain dans l'humain demeure une réalité effroyable et toujours sur le point de surgir là où on ne l'attendait pas. Bien sûr, le récit de Primo Levi n'est pas sans rappeler la *rose* d'un dénommé Angelus Silesius (1624-1677) – « La rose est sans pourquoi ; elle fleurit parce qu'elle fleurit ». Rose échappant aux déterminations théoriques et herméneutiques. Mais si la rose de Silesius est sans pourquoi, elle n'est pas pour autant sans raison. On comprend dès lors que le paradoxe de l'expression « sans pourquoi », dont la signification à double entrée (au moins) est chargée d'ambivalence, s'étend d'une inspiration poétique avérée jusqu'au déshumanisme radical consumé à satiété, et au-delà.

Est-ce un tournant, est-ce une rupture ?

La date du 7 octobre 2023 est irréductible. Pour d'aucuns, elle aura ruiné les certitudes idéologiques, voire géopolitiques ; pour d'autres, elle aura creusé un fossé entre le monde d'hier et le monde d'aujourd'hui, en déplaçant le curseur de l'eschatologie de la paix vers une région qui reste à penser, à espérer, à rêver et à construire concrètement. Dans tous les cas de figure, elle aura eu un effet torpille sur nos consciences, juives et non juives, sur nos convictions républicaines et démocratiques, religieuses ou laïques, avec le retour de ce que nous pensions, sans doute naïvement, derrière nous, à savoir la barbarie, la politique du chaos ; et avec le retour massif d'un refoulé : la haine des Juifs, la multiplications des actes antisémites qui font craindre le pire. Pour ne rien dire de la haine d'Israël, le seul refuge au monde où les Juifs pouvaient encore se croire en sécurité après la Shoah. Dans la conscience traumatique des Juifs, survie et désillusion désormais se chevauchent. La désorientation et l'insécurité règnent. Un pogrom a eu lieu en Israël, le lieu qui disait la promesse d'un « plus jamais ». « Palestine libre, de la mer au Jourdain » ne suffit pas. Il s'agit rien de moins que d'effacer les Juifs de la surface de la terre. Et pour le peuple palestinien, la déshérence au cœur d'une dualité corrompue par le Hamas se creuse un peu plus chaque jour, avec son lot de larmes et de sang. La menace existentielle plane de part et d'autre, tenant pour l'heure en échec une solution politique à deux États – hébreu et palestinien ; ou à un seul État – binational, fédéral ou confédéral. La cause palestinienne ne peut être confondue avec les objectifs du Hamas. Car, faut-il le préciser, le Hamas, ni ne défend ni ne protège la population gazaouie, pas plus qu'il ne la représente. Difficile distinction au cœur du chaos, de l'hubris, des amalgames, des violences génocidaires et du chantage insoutenable aux otages.

Cet ouvrage collectif a pour ambition modeste de prendre date, de faire converger le choc des sidérations respectives, avec leurs caractères d'offense et de contradictions performatives. Ainsi, nous donnons à lire des réflexions singulières, souvent balbutiantes devant la démesure des attentats, mais déjà traversées pour certaines par des convictions qui ne s'en retournent pas au silence, déterminées par la volonté de ne pas céder aux invectives, aux mots d'ordre haineux et dogmatiques, quels qu'ils soient, dans le tourment de ce qui adviendra du conflit israélo-palestinien, de l'avenir de ces deux peuples, de l'équilibre de la région et du spectre d'une guerre continuée. Quelle positivité de sens dessinant les traits allant du tragique à l'espérance, à l'émergence d'une paix juste, d'une sécurité bilatérale, pouvons-nous et devons-nous esquisser aujourd'hui ? Plus qu'une enquête, les textes réunis dans ce livre peuvent-être considérés comme des témoignages uniques, pris dans l'ellipse d'une date ineffaçable, inscrite désormais dans la mémoire des peuples et des Nations. Nous sommes d'ores et déjà dans *Le Monde d'après*, comme un écho au chef-d'œuvre de Stefan Zweig, *Le Monde d'hier. Souvenirs d'un Européen*, paru en 1943. Dans cette ouvrage autobiographique, l'auteur décrit la « plus effroyable défaite de la raison », la succession des « catastrophes inimaginables » dont il a été le témoin, par souci de laisser une trace aux générations futures :

> J'ai dû être le témoin impuissant et sans défense de l'inimaginable régression de l'humanité à un état de barbarie qu'on croyait oublié depuis longtemps. Aujourd'hui encore, nous sommes de nouveau à un tournant, une conclusion et un nouveau début. Mais si ce témoignage permet de sauver des décombres ne fût-ce qu'une parcelle de vérité, et de la transmettre ainsi à la génération qui nous suit, nous n'aurons pas œuvré en pure perte.
>
> *Le Monde d'hier*, Folio-Essais, Gallimard.

J'exprime ma gratitude et mes remerciements aux auteurs de cet ouvrage pour la générosité avec laquelle, dans la crainte et le tremblement, ils partagent avec les lecteurs l'inquiétude et l'espérance pour *Le Monde d'après*.

Paris, juillet 2024

DANIELLE COHEN LEVINAS
Professeure à Sorbonne-Université

PREMIÈRE PARTIE

DISRUPTION

Vienne la nuit, sonne l'heure Les jours s'en vont, je demeure[1]

HAÏM KORSIA

En ce 7 mars 2024.
Il y a cinq mois.
5 mois.
152 jours.
3 648 heures.

C'est le décompte terrible et effrayant du temps de détention des otages du Hamas depuis les massacres terroristes du 7 octobre dans le sud d'Israël.

Pas une heure, pas un jour ne passe sans que je ne pense à toutes ces femmes, tous ces hommes et ces enfants, capturés après avoir été violemment tirés de leurs lits et extraits de leurs maisons au petit matin. Pas un jour ne passe sans que je tourne mes prières vers eux, en espérant qu'ils puissent recouvrer au plus vite la liberté, retrouver leurs familles et serrer leurs proches dans leurs bras. Pas un jour ne passe sans que je ne pense à leurs familles, qui attendent dans l'angoisse et la souffrance, sans disposer de preuves de vie ni d'information sur leurs états de santé. Pour en avoir rencontré nombre d'entre elles, je peux témoigner de l'incroyable courage et de la dignité dont elles font preuve, alors qu'elles sont en proie aux terribles montagnes

1. Citation tirée du poème « Le Pont Mirabeau » de Guillaume Apollinaire.

russes émotionnelles infligées par le Hamas, oscillant sans cesse entre espoir et inquiétude.

Au-delà de toutes les horreurs commises par les terroristes du Hamas ce 7 octobre 2023, et elles sont indicibles tant elles dépassent tout ce qui peut être imaginé, il y a les prises d'otages. Ce mode d'action que nous n'envisagions plus dans notre monde si policé nous révulse profondément.

Et pourtant, il a eu lieu.

Qu'il est insupportable et révoltant pourtant que nos sociétés de l'immédiateté aient aussi vite oublié et « zappé » que près de 135 personnes sont toujours retenues en otage, alors même qu'on ne sait toujours rien de leurs conditions de vie, voire pire, pour certaines peut-être, de mort.

Aujourd'hui, les caméras sont braquées sur la bande de Gaza et les combats entre, d'un côté – faut-il une nouvelle fois le rappeler – une armée régulière exerçant le droit légitime de défendre son pays et ses citoyens, et de l'autre, un groupe terroriste. Il ne s'agit ici nullement de s'appesantir sur un commentaire militaire ou une analyse géopolitique, mais bien de dénoncer le silence assourdissant quant au sort des otages dans les discussions et débats d'aujourd'hui, 5 mois après le début de leur captivité.

Vous souvenez-vous de leurs noms et de leurs visages ? Pourquoi les médias sont-ils devenus sourds aux cris désemparés des familles ? Savez-vous que le petit Kfir Bibas, qui aurait dû souffler sa première bougie d'anniversaire entouré de ses proches dans la joie, a eu un an en captivité ? Où est donc passée l'empathie qui était celle de presque toute la Nation le 8 octobre dernier ? Elle ne peut avoir disparu ensevelie sous les débris des bombes et de la guerre qu'Israël mène depuis à Gaza contre une organisation terroriste. Car la genèse de cette guerre est bien la commission en Israël du pire pogrom depuis la Shoah et la capture de 235 personnes, hommes, femmes, enfants et vieillards dans des conditions abominables.

Il y a un ordre religieux qui impose de racheter des prisonniers, et tout est envisageable afin de le réaliser. Spirituellement, nos otages sont une amputation de nous, car le simple fait de savoir qu'ils sont empêchés de vivre est un empêchement pour nous de vivre pleinement. Si, dans la Bible, le Patriarche Abraham met tout en œuvre afin de libérer son neveu Loth qui avait été pris en otage, c'est pour nous pousser à agir, là où nous sommes, pour ce que nous sommes et à suivre son exemple.

Je veux donc redire aux otages et à leurs proches meurtris que l'on ne les oublie pas, ni aujourd'hui, ni demain. Qu'au-delà de nos prières, que je partage dans toutes les synagogues que je visite, tout, absolument tout est mis en œuvre pour les sortir de cet enfer. Les efforts diplomatiques sont laborieux mais essentiels, et ils doivent encore progresser pour aboutir à leur libération. Mais cela, en tant que citoyen, ne nous dédouane pas de notre responsabilité, bien au contraire. En parlant de leur terrible sort et de leurs inacceptables conditions de détention, en rappelant leurs noms, en montrant leurs visages, nous contribuons collectivement à les rendre présents et nous continuons de les faire vivre auprès de celles et ceux qui risqueraient trop vite d'oublier. On ne les voit pas, on ne les entend pas, mais on sait qu'ils sont là et on les garde visibles en pensant à eux, en parlant d'eux, pour leur donner, de là où on se trouve, la force de continuer à se battre pour rester en vie ; mais aussi pour donner, à ceux qui œuvrent en coulisses, l'appui nécessaire pour faire bouger les choses.

Il nous faut continuer et redoubler d'efforts. Continuons, continuez à évoquer leurs noms et leurs destins, à montrer leurs visages, partout où il est possible de le faire. Et il ne revient pas à la seule communauté juive de se saisir de cette cause. Elle est par essence universelle, car elle touche à la primauté des droits de l'homme, à la liberté, et doit donc rassembler la société tout entière.

Ensemble, nous lutterons contre l'oubli et pour la vie.

Libres.

HAÏM KORSIA
Grand Rabbin de France,
Membre de l'Institut

Être ou ne pas être

Dominique Schnapper

La Shoah continue à peser lourdement sur la conscience historique des Juifs et sur celle des Européens. Pour les Juifs, tout danger, toute attaque et toute violence revêtent une dimension existentielle : la Shoah redevient présente. Quant aux Européens, ils ne peuvent pardonner aux Juifs d'avoir été leurs victimes. *To blame the victim* est le procédé magique grâce auquel le persécuteur récupère son honneur : il peut relativiser ses actes, il peut oublier.

Les événements du 7 octobre, par leur horreur, ont réactivé chez les Juifs une conscience de leur destin marqué par une tragédie sans fin et la présence constante de la mémoire de la Shoah. L'ultime refuge – pour soi-même ou pour les autres – cessait brutalement et définitivement d'offrir sa protection. Jamais le destin des Juifs ne serait normal ou normalisé. Ni « l'État des Juifs » rêvé par Herzl, ni la bonne conduite des citoyens dans les démocraties n'apporteraient une fin à une tragédie qui n'en comporte pas. Dans le monde, il n'est point de refuge. Il faut vivre dans le danger continu et accepter l'idée d'un destin tragique.

Pour les Européens, ces événements imposaient à nouveau l'image de leur contribution – au moins par leur abstention – à des conduites qu'ils voulaient évacuer de leur mémoire. Après avoir discrètement regretté les événements du 7 octobre, les intellectuels se sont mobilisés pour déplorer les victimes civiles et condamner les bombardements israéliens en omettant de penser le sens de ces deux événements. L'accusation de « deux poids, deux mesures » formulée contre ceux qui distinguaient les victimes du terrorisme et les morts d'une guerre menée par une armée a rapidement envahi la scène publique.

Personne ne nie que le père palestinien qui pleure la mort de son enfant éprouve la même douleur que le père israélien qui pleure le sien et qu'il a droit à la même compassion. Mais depuis le 7 octobre la signification politique n'est plus la même. Désormais, aux yeux de l'opinion européenne et mondiale, les morts, les responsabilités et les sorts sont au mieux également répartis, quand Israël n'est pas accusé de génocide. La spécificité du terrorisme du 7 octobre et la mémoire de la Shoah sont évacuées de la conscience historique des Européens. Ils peuvent retrouver leur bonne conscience. Les féministes ont pu manifester contre des gestes déplacés de leur supérieur hiérarchique et ignorer les femmes israéliennes torturées, violées, mutilées et exposées devant une foule en liesse à Gaza. *Business as usual.*

10 décembre 2023

DOMINIQUE SCHNAPPER
Présidente du Musée d'Art
et d'Histoire du Judaïsme

La guerre de Gaza et le « jour d'après »

Élie Barnavi

L'assaut du Hamas du 7 octobre et la riposte israélienne qui s'est ensuivie constituent un de ces événements disruptifs qui divisent l'histoire en un avant et un après[1]. L'appréhender dans sa dimension stratégique, régionale et internationale, est un exercice difficile, qui appelle quelques observations liminaires. D'abord, à l'heure où ces lignes sont écrites (mi-février 2024), l'événement est loin de sa conclusion. On devine qu'il est susceptible de bouleverser durablement l'ordre régional, voire mondial, mais on ignore comment. Toute analyse ne saurait donc être qu'un instantané dans une succession de faits dont l'enchaînement chaotique rend tout pronostic aléatoire. Bref, si l'on pressent que rien ne sera comme avant, il est difficile de savoir de quoi l'après sera fait. Ensuite, la multiplicité des acteurs, la complexité des liens qui les unissent et les jeux d'influence auxquels ils se livrent, brouillent singulièrement la vision. Par rapport à ce qui se passe au Proche-Orient, la guerre froide de bénie mémoire était d'une simplicité biblique. Enfin, il faut compter avec la part d'irrationnel qui est généralement sous-estimée dans les relations internationales, où seuls sont censés jouer des intérêts rationnellement définis. C'est encore plus vrai dans nos contrées, où la passion religieuse,

1. Ce texte est tiré d'une conférence prononcée en Sorbonne, à l'invitation de la Chaire « Grands enjeux stratégiques contemporains », le 29 janvier 2024.

peu connue pour se soumettre à la raison, joue le rôle que l'on sait. J'y reviendrai.

Je vais aborder trois points : le monde d'avant, soit comment le 7 octobre a été possible ; les alignements stratégiques qui se mettent en place sous nos yeux ; et à quoi pourrait rassembler le monde d'après.

Le monde d'avant

Vu d'Israël, l'ordre régional d'avant le 7 octobre et la position de l'État juif au Proche-Orient étaient fondés sur un certain nombre de présupposés. Le premier était son absolue supériorité militaire. Deuxième présupposé, consubstantiel au premier : Israël est seul garant de sa propre sécurité et en détermine souverainement les modalités. Troisième présupposé : Israël est une « villa dans la jungle » (c'est à Ehud Barak que nous devons cette belle image), ce qui en fait à la fois un allié privilégié de l'Occident et un objet d'envie pour son environnement. Autrement dit, c'est un État démocratique, puissant et prospère, entouré d'autocraties plus ou moins faillies. Quatrième présupposé : les Palestiniens ont disparu des radars du monde en général et du monde arabo-musulman en particulier. La preuve ? Les Accords d'Abraham hier, la normalisation avec l'Arabie saoudite demain. Cet échafaudage conceptuel s'est effondré le 7 octobre. Et de ses ruines a surgi une réalité bien plus complexe et infiniment moins confortable. Enfin, le cinquième et dernier présupposé, qui a préparé de longue main la catastrophe du 7 octobre : le Hamas est plutôt un atout pour Israël. C'était le cœur de la stratégie palestinienne de Benyamin Netanyahou : s'assurer que l'organisation terroriste était assez faible pour ne pas mettre Israël en danger et assez forte pour se maintenir au pouvoir. Pourquoi ? Pour que les deux entités palestiniennes, la Cisjordanie et la bande de Gaza, restent séparées, et conjurer ainsi le spectre de l'État palestinien. D'un côté, une autorité qui ne représente que la moitié du peuple palestinien, de l'autre, une organisation terroriste qui ne reconnaît pas l'État d'Israël ; avec qui étions-nous censés négocier ? En vertu de quoi, le gouvernement israélien a encouragé le Qatar à renflouer les caisses du Hamas et a fermé les yeux sur sa montée en puissance.

Or, le Hamas n'est pas un mouvement de libération comme un autre, dont l'objectif est de débarrasser le territoire national d'une puissance étrangère et de la remplacer par une entité indépendante. C'est, comme son nom et sa charte fondatrice l'indiquent, un mouvement religieux. Hamas est l'acronyme de *Ḥarakat al-Muqāwamah al-ʾIslāmiyyah*, Mouvement de résistance *islamique*. Son but n'est pas la création d'un État palestinien aux côtés de l'État d'Israël, mais à la place de l'État d'Israël. En effet, la Palestine n'est pas un territoire disputé entre deux peuples que l'on peut à la rigueur partager ; c'est un *waqf*, une dotation islamique inaliénable. Voilà pourquoi la logique du conflit relève non de la guerre d'indépendance, mais de la guerre de religion. Le caractère sauvage de l'assaut du 7 octobre ne s'explique pas autrement : comme lors de la Saint-Barthélemy, plutôt que s'en prendre à un adversaire, il s'agissait d'effacer une souillure. En Occident, où l'on a perdu depuis des siècles le goût et l'habitude des conflits de religion, on a du mal à admettre que des hommes soient prêts à tuer et à se faire tuer au nom de Dieu. Au Proche et au Moyen-Orient, c'est une réalité.

Les lignes de force aujourd'hui

Israël fait face à une multiplication inédite de fronts qui l'enserrent de toutes parts : Hamas et Djihad islamique au sud, cellules armées de Cisjordanie et milices pro-iraniennes d'Irak et de Syrie à l'est, Hezbollah libanais au nord, Houthis yéménites en mer Rouge. Toutes ces organisations sont manipulées à divers degrés par l'Iran, qui est une théocratie chiite militarisée. La guerre de Gaza est une guerre israélo-iranienne par milices interposées.

Ainsi, par cercles concentriques, la guerre de Gaza irradie les Territoires palestiniens, les pays limitrophes du Proche-Orient, ceux du Moyen Orient et, au-delà, la géopolitique planétaire. Comme la guerre d'Ukraine, c'est une affaire mondiale. En effet, face à la coalition dirigée depuis Téhéran, se dressent Israël et son allié unique, les États-Unis. Entre les deux s'étend ce que j'ai décrit ailleurs comme une sorte de marais aux contours flous, dont le positionnement par rapport au conflit de Gaza et de ses ramifications dépend d'une foule de considérations disparates, voire contradictoires. Plus on est proche de l'épicentre, et plus les secousses du conflit se font durement sentir. Naturellement, les voisins d'Israël sont les plus affectés : la Syrie, État morcelé et failli dont le territoire sert depuis longtemps de champ de bataille entre l'Iran et Israël ; le Liban, dont le sud est en guerre ouverte et qui tremble de la voir s'étendre à l'ensemble du territoire ; l'Égypte, qui craint le débordement dans le Sinaï de masses de Gazaouis ; et la Jordanie, dont le gros de la population est palestinien, et qui, de ce fait, est menacée de déstabilisation. Ces deux derniers, à l'instar des autres pays sunnites de la région – le deuxième cercle – sont hostiles au Hamas et alignés sur Washington. D'ailleurs, ceux qui ont déjà signé des accords de paix avec Israël ne songent pas à les dénoncer ; mieux, l'Arabie saoudite, qui était sur le point de s'y résoudre avant la guerre, n'a pas renoncé à la normalisation avec l'État juif après – seulement, elle la conditionne désormais à la solution du problème palestinien, ou du moins au début d'un processus censé y conduire. On l'aura remarqué, à l'exception de l'Iran, tous les ennemis d'Israël sont des milices religieuses. Mais les gouvernements sont sensibles à une « rue arabe » très remontée contre Israël.

Le troisième cercle est constitué des puissances de ce qu'il est convenu d'appeler le « Sud global », entité gazeuse et fluctuante qu'anime un vieux fonds d'antiaméricanisme tiers-mondiste, et où Israël fait figure de poste avancé de l'Occident. Le procès intenté par l'Afrique du Sud à Israël pour faits de génocide devant la Cour de Justice internationale de La Haye illustre cette posture. Enfin, on trouve dans ce marais les deux puissances révisionnistes, la Russie et la Chine, peu connues pour leur mansuétude à l'égard de leurs propres populations musulmanes, mais auxquelles Gaza offre, dans une curieuse alliance avec les islamistes à l'extérieur, une occasion en or de damer le pion à Washington.

Dans cette configuration malcommode, les États-Unis sont à la peine. Ils espéraient s'extraire de la région, les voici forcés de s'y impliquer derechef : soutien militaire massif à Israël ; envoi d'une armada en Méditerranée et dans le Golfe pour tenir en respect l'Iran et le Hezbollah et les empêcher d'ouvrir un deuxième front contre leur allié ; couverture diplomatique à l'ONU. Cette position se paie. Sur le front intérieur, où la désaffection d'un nombre croissant de démocrates dans une poignée d'États clés risque de faire perdre à Joe Biden la présidentielle[2]. Sur le front extérieur, où l'administration ne parvient pas à reformer autour d'elle la coalition qu'elle avait réussi tant bien que mal à réunir contre l'agresseur russe en Ukraine.

Résumons : un conflit asymétrique dans un coin de la Méditerranée orientale métastase dans la région et au-delà, met à mal les équilibres régionaux et internationaux et risque d'allumer une guerre majeure dont personne ne veut.

---

2. Depuis la rédaction du texte d'Élie Barnavi, Joe Biden a annoncé qu'il ne se présenterait pas aux prochaines présidentielles (NdE).

Le « jour d'après »

Mais imaginons une issue favorable à cette campagne. Elle reste circonscrite à la bande de Gaza, ne traîne pas en longueur au-delà du supportable et atteint son objectif, à savoir la destruction du Hamas. Comment remplir le vide ainsi créé ?

La réponse à cette question dépend des buts de guerre des belligérants. Le Hamas veut survivre, c'est-à-dire garder la capacité de se maintenir au pouvoir, d'une façon ou une autre. Israël veut détruire le Hamas et ramener les otages, et présente ces deux buts de guerre comme allant de pair, ce qui est pour le moins discutable. On ne sait pas très bien non plus ce que détruire le Hamas veut dire. Si c'est, comme le proclame le gouvernement, l'annihiler jusqu'au dernier combattant et « déradicaliser » le territoire, autrement dit extirper de la tête des gens l'idéologie islamiste, c'est irréaliste. Si, en revanche, il s'agit de démanteler les structures militaires et politiques de l'organisation, c'est faisable – c'est d'ailleurs en train d'être fait. Mais après ? Après, on n'en sait rien. Aussi extraordinaire que cela paraisse, le gouvernement d'Israël n'a aucun plan cohérent pour l'après-guerre. La raison en est simple : dans sa composition actuelle, il est incapable d'en concevoir un. Son extrême droite veut réoccuper la bande, la vider de ses habitants et y reconstituer les colonies juives démantelées en 2005. Comme le Hamas, ces forces suprémacistes juives vivent l'affrontement avec les islamistes et l'ensemble du peuple palestinien comme un conflit de religion, à l'inaliénabilité du *waqf* musulman répondant point par point à celle du don par Dieu de l'ensemble du pays d'Israël au peuple juif. Netanyahou sait que leur projet est mort-né, ne fût-ce qu'en raison de l'opposition américaine. Mais il se garde bien de proposer autre chose au-delà de slogans creux – le dernier est « Victoire totale » –, car cela signifierait la chute de sa coalition.

Il louvoie donc, en tentant de repousser aux calendes grecques une décision qui sait lui être politiquement fatale. Tant que lui sera là, rien ne sera possible. Assurément, l'extrême droite ne sera plus au pouvoir au moment où se mettra en place une solution intérimaire quelle qu'elle soit. Elle tombera en même temps que Netanyahou lui-même, dont plus des trois quarts des Israéliens ne veulent plus. Dès la fin de la campagne, peut-être même avant, nous retrouverons l'affrontement entre les camps ennemis que nous avons connus tout au long de l'année qui a précédé le massacre du 7 octobre, sans doute démultiplié. Comment tournera-t-il ? Je crains que, lorsque le moment de vérité surviendra et qu'il faudra bien en arriver aux décisions douloureuses, Israël n'échappe pas à une forme quelconque de guerre civile.

Les Américains, eux, ont fermement défini, publiquement, trois conditions négatives : pas de présence israélienne permanente, pas de déplacement de la population palestinienne, pas de diminution du territoire. Ce dernier point fait référence à l'idée avancée par l'establishment sécuritaire d'une « bande de sécurité » en territoire palestinien. Idée étrange si l'on veut bien se souvenir du sort de cette formule, dans la foulée de la première guerre israélienne au Liban, en 1982, laquelle nous a légué le Hezbollah et quinze ans de présence catastrophique au Sud-Liban.

Ces trois « non » posés, on aperçoit les contours d'un plan de sortie de guerre, tels qu'ils les dessinent les travaux des think tanks de Washington, les déclarations publiques des responsables américains et ce qui transpire de leurs entretiens avec le gouvernement israélien. En toute urgence, puisqu'il importe d'occuper aussitôt le vide créé par l'élimination du gouvernement islamiste, il s'agit de mettre en place un dispositif intérimaire qui prenne en charge, simultanément, trois tâches dont l'urgence est absolue : la sécurisation du territoire, assurée par une force multinationale à dominante arabe et de préférence sous mandat du Conseil de sécurité des Nations unies ; la mise en place d'une administration palestinienne provisoire sous l'égide de l'Autorité de Ramallah, seule entité palestinienne reconnue par le monde entier, Israël compris, et qui paie toujours ses fonctionnaires à Gaza pour ne rien faire ; et le début de la reconstruction, avec l'aide des pays arabes voisins et ceux du Golfe, ainsi que celle de l'Europe, des États-Unis et des organismes financiers internationaux. En même temps, il faut offrir aux Palestiniens un horizon diplomatique, c'est-à-dire remettre sur les rails un processus significatif, autrement dit imposé aux parties, de règlement du conflit israélo-palestinien.

Pour aboutir à quoi ? Eh bien, à un État palestinien souverain aux côtés de l'État d'Israël. Il est tragicomique que, sauf aux deux bouts du spectre idéologique, on se rallie derechef à cette solution qui avait fini par provoquer chez diplomates et experts de tout poil un haussement d'épaules désabusé. C'est qu'il n'y en a tout bonnement pas d'autre. C'est une idée presque centenaire, proposée pour la première fois par les Britanniques en 1937, validée par la communauté des nations dix ans plus tard, lors du vote à l'ONU sur le partage de la Palestine, négociée dans les moindres détails dans la foulée des accords d'Oslo de 1993. Il est grand temps qu'on la mette enfin en œuvre. Qu'il ait fallu la tragédie du 7 octobre pour en redécouvrir l'évidence, voilà un exemple de plus d'une triste vérité d'histoire : les nations ne se résolvent aux solutions raisonnables qu'après avoir épuisé toutes les autres.

Élie Barnavi
Professeur émérite de l'Université de Tel Aviv
Diplomate israélien

Depuis le 7 octobre 2023, Ella

Danièle Cohn

Parce que je ne pratique pas, que mon vendredi soir est seulement celui de la bougie allumée près d'un bouquet de fleurs fraîches et que, comme je l'entends depuis que ce soir-là et le jour d'après je vais à la synagogue, je suis un « juif de kippour », j'ai su très tôt ce qui avait lieu le 7 octobre au sud d'Israël. Savoir n'est pas le bon mot, disons : j'ai appris. Ce que j'ai ressenti n'avait rien à voir avec l'émotion joyeuse et fière de la Guerre des six jours, cette adéquation à un pays dans lequel nous étions – enfin – allés en famille un an avant, l'expérience de cette unité élargie avec oncles, tantes et cousins que je n'avais jamais connus encore, ni la panique de la guerre du Kippour, et l'épreuve de la peur au ventre qu'Israël la perde tant il en allait de sa survie.

Le 7 octobre était tout autre chose, l'horreur d'un « mort aux juifs » qui recommençait, et donc n'avait jamais disparu. Les images, leur mise en scène, la jouissance qui s'y exprimait déclenchaient en moi une terreur, une mémoire de la terreur dont je n'ai pas de souvenirs propres, mais qui m'a été transmise.

De quoi, de qui sommes-nous les enfants ? Comment assemblons-nous les quelques pièces, morceaux, traces et fragments que nous avons reçus mais dont nous ne savons rien ? Mes parents m'ont dit et répété que nous étions les enfants de la victoire sur le nazisme, que la vie continuait puisque nous étions là. Cette puissance de la vie, nous avons dû l'incarner, pour qu'il y ait de nouveau une intelligibilité du monde, de notre rapport à lui et aux autres et de nous-mêmes. Mais comme au soir du Seder, nous avons eu la charge d'accepter qu'à l'instar du quatrième fils, nous ne comprenions pas que nous ne comprenions pas : le silence, la clôture des pères, l'intransmissibilité ont été un apprentissage long, difficile, sans qu'il ait pu être légitime d'espérer qu'un jour nous comprendrions plus ou mieux. Et c'est donc avec précaution, dans un sentiment d'effraction, que de manière récurrente nous nous sommes approchés dans ma génération de ce que Shoah non pas signifiait – car ce qui a eu lieu est pour toujours de l'ordre d'un au-delà de toute signification, et plus grave encore d'un par-delà du sens –, mais était, est et sera.

Le 7 octobre est cela. Je n'en ai pas encore pris toute la mesure si cela peut avoir lieu, ce dont je doute. Et après des années d'hésitations, d'incertitudes, je suis allée à Auschwitz, juste avant Pourim, avant qu'Esther ne sauve avec l'aide de Mardochée le peuple juif et qu'Aman ne soit défait : combinaison – aléatoire ? – des dates et des temps. Extermination d'un peuple, et salut du peuple, ivresse collective d'exercer un mal radical d'un côté, et de l'autre, confiance accordée à la possibilité de survivre au mal radical, pour peu qu'il y ait un juste, seulement un. Non pas après Auschwitz mais avec Auschwitz, coûte que coûte. Si j'ai décidé après le 7 octobre d'aller là-bas, c'était pour aller chercher ma grand-mère, celle dont je ne savais presque rien si ce n'est qu'elle était ma grand-mère paternelle. C'était le moment, puisque la mise à mort recommençait : car les terroristes hurlaient dans une excitation obscène et exhibitionniste qu'ils tuaient non pas des Israéliens, une nation avec laquelle ils auraient été en guerre, mais des Juifs.

Elle s'appelait Ella, et a été assassinée le 6 mars 1943, après avoir quitté Breslau lors de la dernière déportation des Juifs de cette ville consignés dans un ghetto. Ils furent, le 4 mars 1943, plus d'un millier à partir en train pour Auschwitz. D'elle, il reste dans les archives de la ville de Wroclaw, anciennement Breslau, une feuille sur laquelle sont consignés – avec leur prix de vente – les quelques objets qui restaient encore en sa possession le jour d'avant le départ, la tasse, la cuillère, le drap… une feuille tamponnée quatre fois par les différents services qui garantissaient la véracité des renseignements fournis. Ce fut la seule fois – après la visite à la villa Wannsee – où, confronté à cette feuille, je vis mon père s'écrouler en larmes. Sa mère, il ne l'avait pas revue depuis juillet 1933, date à laquelle il partit de la gare centrale de Breslau pour Paris, accompagné par son père, afin d'échapper aux menaces de mort qu'un camarade de classe nazi avait proférées à son encontre. Cela le sauva à terme. Le divorce de ses parents quand il eut 7 ans et la garde donnée à son père, cette souffrance-là, primaire et première – car les relations des deux parents étaient douloureuses –, explique peut-être qu'il n'ait pas pu transmettre quelque chose de l'ordre de la chair et de l'os, d'un visage de cette mère dont il s'est toujours senti, dès l'enfance, privé.

Si le grand-père paternel avait pour nous une existence, avec ses ouvrages, sa seconde femme et les trois enfants du second mariage, leur meurtre par balle au fort de Kaunas en novembre 1941, Ella demeurait un blanc, un trou, une absence. Elle était la mère qui avait mis son plus jeune fils dans l'avant-dernier *Kindertransport*, parti de Friedrichstrasse à Berlin vers l'Angleterre. Dans l'hommage fait par le président de l'État d'Israël en 2024 à l'anniversaire de la libération du camp d'Auschwitz, trois hommes qui échappèrent grâce à leurs mères et aux *Kindertransporten* témoignèrent dans un documentaire tourné à cette occasion. Deux ne retrouvèrent jamais leurs parents et vécurent en Israël. Un seul, le plus jeune fut rejoint en Angleterre par ses parents qui réussirent à s'enfuir. Des deux orphelins, l'un dit qu'il n'avait jamais compris le geste de sa mère, comment on pouvait en tant que mère agir de la sorte et déposer son enfant dans un train, mais à la dernière question posée : « Si votre mère existait encore que lui diriez-vous ? » cet homme à son grand âge répondit d'une voix étranglée : « Je lui dirai merci. »

Cela, je l'ai su d'Ella : des quatre enfants qu'elle mit au monde, deux partirent en 1935 et 1937 en « Palestine » grâce à des mouvements de jeunesse sionistes, le plus jeune grandit à Édimbourg, celui du *Kindertransport* et mon père, son aîné, retourna vivre à Paris en 1945. Je n'ai pas de photo, pas de lettre, juste la date du départ et de l'assassinat.

Dire que je l'ai cherchée à Auschwitz ne serait pas exact. Je ne pouvais pas l'y trouver et la phrase répétée par mon père résonnait : « Nous n'avons pas de tombe, la cendre est montée dans le ciel pour retomber à jamais : Auschwitz comme mémorial pour les "chercheurs de trace" que nous sommes », selon la formule d'Imre Kertesz. J'ai vu là-bas la première *Judenrampe*, son wagon et cette terrible maison avec jardin, jeux d'enfants et chien qui aboyait pendant que son propriétaire nous observait obstinément. J'ai compris qu'il avait fallu marcher un bon kilomètre encore pour rejoindre les deux chambres à gaz dites B1-B2 où ont aussi été assassinés les juifs de la rafle du Vel d'Hiv. J'ai marché jusqu'à la lisière de ces chambres à gaz qui n'existent plus et qui sont inaccessibles désormais au visiteur arrêté à l'orée de ces clairières que la nature locale – herbe et bouleaux – recouvre, étouffe, masque, et envahit ; clairières qui ponctuent le film *Shoah* de Claude Lanzmann. J'ai dit intérieurement le kaddish et je suis repartie.

Le débat depuis le 7 octobre portant sur les termes « pogrom », « génocide », sur l'antisémitisme féroce ou larvé qui s'est ensuivi, ainsi que la solitude des juifs me sont remontés à la gorge, le 9 octobre, lors de la manifestation. Rien de tout cela ne me quitte ni ne me quittera. Je lutte avec le quatrième fils que je suis, celui qui ne comprend pas qu'il ne comprend pas. Et à mon tour, j'ai compris que je n'en veux plus à mon père de n'avoir transmis que des « cours d'histoire » et non pas de la mémoire, si ce n'est la mémoire vive, du moins celle à vivre. Ce qu'il m'a transmis, c'est cette incompréhension de l'incompréhension et c'est beaucoup : un véritable héritage qui est un cadeau. C'est pourquoi, y compris quand je ne le savais pas, je passe mon temps à retrouver Ella, l'inconnue qui me manque mais ne fait pas défaut.

Le 7 octobre m'a – j'oserais presque un « nous » – donné tout cela dans l'horreur répétée et dans le silence – souvent haineux, malgré quelques politesses – autour de ce qui s'est passé, de remettre mes pas dans ce parcours du fourgon à la chambre à gaz. Mon oncle – lui qui parlait un peu – disait à propos de ce trajet « Je m'inquiète et je frémis, la nuit, à imaginer que ma mère a dû marcher nue, être nue ».

Le 7 octobre nous a dénudés, et nous devons en témoigner.

Danièle Cohn
Professeur émérite
à l'Université Paris I Panthéon Sorbonne

Quelles lueurs dans le brouillard de la guerre ?

Monique Canto-Sperber

L'effroi devant l'horreur qui s'est abattue sur le sud d'Israël, l'attente anxieuse de la façon dont se poursuivra l'offensive israélienne, si lente et encore éloignée des résultats qu'elle voulait atteindre, l'impuissance devant le désastre humanitaire en cours à Gaza, l'angoisse devant la possibilité d'une extension du conflit, nourrissent la conviction qu'il faudrait encore à cette guerre un objectif clair et un débouché politique.

Depuis le lancement de l'offensive israélienne, nous savions qu'il était impossible de s'en prendre au Hamas sans accabler la population de Gaza, qu'il n'était pas non plus envisageable de construire l'avenir d'Israël sans avoir réglé la question du Hamas et que l'attaque israélienne déchaînerait la colère populaire contre l'État hébreu chez les Palestiniens comme dans le monde arabe, rendant encore plus difficile pour l'Autorité palestinienne et ses soutiens de plaider pour une solution politique.

Mais nous ne savions pas, nous n'imaginions même pas, que l'offensive israélienne à Gaza, déclencherait une telle salve de condamnations, persistantes et sans relâche. L'horreur des images qui nous parviennent, le nombre des morts civils égrené jour après jour par le gouvernement du Hamas et la liste que cette organisation terroriste donne des objectifs visés par l'armée israélienne (hôpitaux, ambulances, écoles, camps de réfugiés) et sont parvenus à imprimer dans les esprits, la conviction que l'aviation israélienne visait des cibles civiles. Le Secrétaire général de l'ONU, des juristes, des ONG actives dans la défense des droits de l'homme, parlent sans nuances de crimes de guerre et même de crimes contre l'humanité. Au point que, déjà, dans une effroyable logique victimaire, de telles incriminations serviraient presque à justifier *a posteriori* le massacre du 7 octobre, le Hamas n'ayant fait que résister par anticipation à une volonté meurtrière de l'État israélien contre les Palestiniens, jusque-là latente et désormais manifeste.

Comment répondre ? Comment faire entendre la justesse de la cause d'Israël, la nécessité où cet État se trouve de continuer ce conflit mais aussi de dessiner un chemin dans le brouillard de la guerre. La réponse tient à trois exigences : la première a trait au 7 octobre, la seconde à la manière d'achever la guerre et la troisième à la nécessité de parler dès aujourd'hui de ce qui se passera après.

Comprendre à fond ce qui s'est passé les 7 et 8 octobre derniers, c'est depuis plus de dix mois une exigence que rien n'a entamée. Les Juifs furent assez souvent les victimes de la passion meurtrière de l'antisémitisme pour savoir que cette passion est un fait, ici lestée d'un message politique. Les terroristes ont voulu faire savoir au monde entier que les Juifs en Israël n'ont aucun droit à l'existence. Avec les vidéos de leurs crimes, ils ont fait de la mort des Juifs un spectacle mondial, hybridation affreuse des pogroms d'autrefois, de l'extermination méticuleuse mise en œuvre par le Troisième Reich et de la jubilation ludique du monde numérique.

Cette haine bouillonnant depuis des décennies n'est même plus due à ce qu'étaient les difficiles conditions de vie à Gaza avant l'attaque du Hamas et aux actions de l'armée israélienne, elle est devenue une raison d'être. On connaît maintenant de manière plus précise le rôle qu'ont joué des membres de l'UNRWA dans la participation et l'assistance aux massacres, et les messages de haine qu'ils ont pu propager sous couvert d'éducation. Il faudra au moins une génération pour voir une telle haine disparaître. Voilà ce qu'il ne faudra jamais oublier au moment de négocier avec l'Autorité Palestinienne et avec ceux qui s'occuperont de l'administration de Gaza, voilà pourquoi il faut abandonner toute idée de « gérer » le Hamas ou de mettre un couvercle sur cette réalité de haine, comme l'a fait le gouvernement israélien depuis trente ans.

La deuxième exigence a trait à la manière de faire la guerre. Le propre d'une démocratie libérale est de refuser le mimétisme de la vengeance et d'assumer de mettre des limites à sa propre action. Les principes de la guerre juste furent formulés dès la fin de l'Antiquité, puis définis par les jurisconsultes du XVIIe siècle ; ils forment encore la base conceptuelle du droit humanitaire international. Ces principes établissent que le recours à la violence est parfois nécessaire, mais que ce recours doit être réglé par des normes et des limites. La guerre juste, ce n'est pas « juste la guerre ». Certaines raisons de faire la guerre sont légitimes et d'autres non, de même la manière de la conduire peut être ou non légitime. Jusqu'à la fin du XIXe siècle, ces distinctions s'appliquèrent surtout aux conflits entre États, mais les guerres de décolonisation et surtout l'émergence du terrorisme les ont étendues aux conflits asymétriques qui, pour la plupart, se concluent par « la pacification » plutôt que par un traité de paix.

La légitimité de la guerre menée aujourd'hui à Gaza est incontestable. Le Hamas, le 7 octobre, a envoyé au monde entier un message clair : la lutte contre l'« entité sioniste » vaut obligation de tuer les Juifs qui y vivent. Face à un tel programme, refuser de considérer comme légitime qu'Israël entre en guerre pour se défendre serait consentir déjà à son anéantissement.

Mais aussi justifiée que soit la guerre, la manière de la mener peut se révéler être à moyen terme une malédiction Car si la première obligation du droit *dans* la guerre est de chercher à épargner les civils, il est quasi impossible de la respecter dans la réalité lorsque le combat se livre contre un groupe terroriste. Dans ce genre de cas, la guerre n'a pas lieu sur un champ de bataille, mais au cœur même de la vie civile, et surtout dans les villes : les civils ne peuvent y être totalement préservés du fait même qu'ils vivent là où l'on combat et n'ont aucun moyen de se révolter contre des terroristes qui leur imposent leur loi d'airain, comme on l'a vu à Mossoul en 2014 et maintenant à Gaza.

C'est pourquoi, en réponse, l'obligation relative aux moyens de faire la guerre doit être plus que jamais respectée. Ce qu'on attendait, ce que l'on attend, de l'État israélien, conformément à la charte de son armée, est de tout faire pour minimiser les dommages pour les civils (avertissements, demandes d'évacuation, utilisation d'armes ciblées, de portée réduite, renseignement, discernement dans les cibles choisies). Cette exigence ne suffit pas à faire que les actions militaires évitent les morts civiles, mais elle empêche que de telles actions soient confondues avec des meurtres délibérés de civils.

De la même façon, le souci de proportionnalité vaut, non pour mettre en rapport le nombre de morts de chaque côté mais surtout pour caractériser l'utilisation par rapport au but visé de ce qu'il faut de force, et pas plus. Ainsi l'emploi d'une bombe à portée limitée pour atteindre une cible ennemie peut respecter le principe de proportionnalité, ce qui ne saurait être le cas, par exemple, de la pratique de terreur qu'est le « tapis de bombes », utilisée par l'aviation alliée contre Dresde en février 1945 (plus de 35 000 morts en deux nuits) et américaine à Tokyo, le 10 mars (100 000 morts).

Le Hamas se fabrique jour après jour une impunité morale en faisant du martyre des civils palestiniens une cause mondiale d'indignation, alors même que toute sa stratégie de défense est fondée sur l'exposition maximale au danger de ces mêmes civils, et même sur leur condamnation à une mort certaine puisqu'il se sert d'eux comme de boucliers pour protéger ses combattants ou rendre ses abris intouchables (ce qu'interdit du reste la quatrième Convention de Genève relative à la protection des civils en temps de guerre).

Aujourd'hui, aucune justification, que pourrait apporter l'État israélien n'est audible, car aucune guerre contre le terrorisme menée au cœur de la population civile n'échappe au risque d'infamie. Mais viendra bientôt l'heure de l'établissement des faits et de l'examen complet des justifications des décisions prises. Les Israéliens doivent se préparer à rendre des comptes. C'est pourquoi il incombe aux responsables de l'offensive en cours de documenter le détail des précautions prises pour épargner les civils ainsi que les mesures adoptées pour soulager leurs souffrances : pauses humanitaires, sans parler de la fin des exactions des colons en Cisjordanie. On verra alors plus clair dans le brouillard de la guerre.

Enfin, la troisième exigence est de préserver l'avenir. Trouver des modes de coexistence pacifiée avec ses voisins n'est plus un choix pour Israël, mais une obligation, d'autant plus que ce pays a désormais perdu sa réputation d'invulnérabilité, et donc sa puissance de dissuasion. Quelle que soit l'issue de ce qui se passera à Gaza, Israël en ressortira plus vulnérable.

La politique de Netanyahou a illustré depuis deux décennies un pessimisme historique délétère. En témoignent sa volonté de laisser pourrir la situation, de neutraliser toute initiative, de parier sur l'aggravation du rapport de forces en laissant faire les colons, mais aussi la disqualification de l'Autorité palestinienne, la complaisance intermittente à l'égard de Hamas assortie de frappes régulières, le tout au service de sa survie politique et de la gestion de ses clientèles (dont celle des colons fanatisés) sont responsables du désastre actuel. Il faut renouer maintenant avec un volontarisme du dialogue, prudent et sans illusions.

Israël n'est pas un État comme les autres, il a montré qu'il était possible de transformer un asservissement millénaire en puissance nationale, mais cela l'oblige à des règles et à une méthode : garantir sa sécurité, oui, mais sans jamais oublier que celle-ci dépend aussi des États qui l'entourent. Paradoxalement, la mémoire de ce qui s'est passé le 7 octobre et l'engagement de faire de l'élimination nécessaire du Hamas la condition d'un dialogue avec les Palestiniens, loin d'entretenir l'esprit de vengeance, pourraient contribuer à rendre ce dialogue lucide et honnête. C'est le meilleur avenir pour Israël.

Paris, 2 août 2024

MONIQUE CANTO-SPERBER
Chercheure émérite au CNRS,
ancienne directrice de l'ENS-ULM

Difficile lucidité

Yann Boissière

Ayant fondé en 2016, après les attentats de 2015, une association inter-*convictionnelle*, les Voix de la Paix, qui s'emploie à faire dialoguer au sein de la République les religions et les spiritualités avec toutes les instances porteuses de convictions (entreprises, artistes, philosophes, politiques, etc.), je me considère comme un militant de la paix. En juin 2022, j'ai organisé un voyage, juifs, chrétiens, musulmans, athées et agnostiques, en Israël et Territoires palestiniens, que nous prolongeons aujourd'hui par une exposition, « Des Voix pour la paix », qui se déploie en ce moment en France dans diverses institutions publiques. Nous la proposons avec une conviction bien ancrée : au-delà du conflit israélo-palestinien, au-delà des sympathies que chacun peut avoir naturellement pour l'un ou l'autre camp, notre exposition veut exprimer la volonté de dépasser son propre point de vue pour ne jamais perdre de vue la perspective de l'autre.

Malgré la détermination affichée de ces valeurs, depuis le 7 octobre, je n'en mène pas large sur la paix. Mon drapeau militant faseye, et je me prends à réfréner quelques tentations de langage, micro-envolées belliqueuses souhaitant la victoire totale contre des hommes dont le moule semble plutôt « l'inhumanité ». Je refrène, donc, et je doute.

Voici la question que je souhaite partager dans les lignes qui suivent – ma réflexion ne sera pas rhétorique, mais sans fard, sincèrement indexée sur mes interrogations actuelles :

comment, depuis le 7 octobre 2023, au-delà de la sidération, de la colère, et des convictions, articuler un discours intelligent sur la paix ? Un discours, entendons-nous bien, qui dépasse le pré carré de l'expertise politique ou géostratégique – il en existe d'excellentes. Un discours qui, ne trahissant rien de ses sincères colères et de ses valeurs, maintienne un principe d'ouverture non béat envers l'autre ? Qui soutient la perspective du dialogue et de la paix, sans se « planquer », en un attentisme facile et gestionnaire, derrière les conclusions que livrera inexorablement le terrain de la guerre ?

Trois phrases, pour moi, dessinent le périmètre de l'aporie. Raymond Aron, tout d'abord : « La lucidité est bien la première loi de l'esprit ». Hannah Arendt : « Il se pourrait que nous nous ne soyons plus jamais capables de penser et d'exprimer les choses que nous sommes cependant capables de faire. » (On ajoutera : et que nous sommes apparemment capables de subir). Hölderlin, enfin : « L'âme n'est pas là où elle est, elle est là où elle aime. » À l'aune de ces trois phrases, comment maintenir intelligemment la perspective de la paix, sans se trahir ni être ridicule ?

L'incapacité à formuler la pensée d'une expérience pourtant vécue, pointée par Hannah Arendt, semble s'appliquer avec une acuité accrue à la situation actuelle. Depuis le 7 octobre, je le sais, j'ai du mal à parler avec justesse, je sais ne pas avoir trouvé le propos juste, le point d'équilibre qui articulerait une position à la fois humaine, exacte intellectuellement, et opérationnelle, entre la compassion et la compréhension. Déplorer la mort des Gazaouis, qui pourrait trouver cela déplacé ? Cela fait-il pour autant avancer la réflexion de manière juste ? Certes, l'on dispose d'une analyse quotidienne, détaillée, aussi implacable qu'inamicale, imbibée à la dénonciation de ce qu'Israël ne devrait pas faire… Israël ne devrait pas faire la guerre, il ne devrait pas tuer des civils, il ne devrait pas monter des opérations militaires en vue de récupérer ses otages, il ne devrait pas exercer son droit à se défendre. Pour faire court, Israël devrait renoncer à toutes les choses qu'il fait. C'est ici que le test aronien de la lucidité prend toute sa valeur ; à sa lumière, tout commentateur se devrait de répondre honnêtement à ces trois questions : 1) La lénifiante tarte à la crème d'un cessez-le-feu n'oublie-t-elle pas scandaleusement de poser en premier lieu la véritable exigence humanitaire qui s'impose ici : le retour des otages, viol inaugural et persistant, du droit international ? 2) En complément des foisonnantes dénonciations de ce qu'Israël ne devrait pas faire, a-t-on lu sous la plume de nos génies du commentaire une seule pensée exprimant clairement ce qu'Israël, finalement, devrait faire[1] ? 3) Existe-t-il une pensée crédible, une possibilité de cessation des hostilités qui n'élude pas, de manière inconsidérée et finalement criminelle, les conséquences de laisser intacte la menace posée par le Hamas ?

Dans un autre ordre d'idée, on concédera de manière honnête que les deux camps manquent terriblement de compassion l'un envers l'autre. Au regard de la jouissance extravertie qui a prévalu dans le monde arabe à l'annonce des massacres de juifs le 7 octobre, on peut dire que la question, de ce côté-là, ne fait pas mystère. Concédons également que le monde juif, israélien certainement, ne s'est pas non plus étouffé par l'expression d'une compassion excessive envers les civils tués à Gaza. On résumera pudiquement – et cette pirouette est profondément insatisfaisante : le temps de la compassion n'est pas encore venu.

Si la partition entre français musulmans et français juifs recoupe malheureusement, car trop grossièrement, l'allégeance aux Palestiniens et aux Israéliens, il faudra regretter que le dialogue n'ait pas eu lieu. Il a avorté, il est vrai, dès le 12 novembre lorsque les organisations musulmanes ont refusé de défiler contre

1. *[C'est l'auteur qui souligne].*

l'antisémitisme. Si l'on prend un peu de hauteur, toutefois, il nous faudra reconnaître que le dialogue n'a pas eu lieu, tout simplement parce que l'espace du dialogue, en France, n'existe pas. Il n'existe pour l'heure que l'espace institutionnel diligenté par le ministère de l'Intérieur, où quelques fois l'an, quelques dignitaires du culte appointés montent lestement les escaliers du perron de Beauvau... Réduit à la lorgnette étroite des « cultes », on est loin, ici, du dialogue citoyen et interculturel. Ce dialogue est plus que jamais nécessaire, et précurseur du fructueux dialogue interculturel qui pourrait se tenir entre les immenses héritages des civilisations juives et arabes. Cet espace de dialogue interculturel judéo-musulman, il faut le créer en France – les Voix de la Paix tenteront d'y prendre toute leur part.

Cette perspective nous laisse avec la troisième pointe, celle d'Hölderlin : « L'âme n'est pas là où elle est, elle est là où elle aime. ». La guerre, c'est précisément l'inverse, on est totalement défini par la position que l'on occupe.

Il est vrai, les rabbins nous avaient prévenus (TT, Sanhedrin 6b) : « Là où il y a de la justice il n'y a pas de paix. Là où il y a de la paix, il n'y a pas de justice ». Ma réponse, honnête, à cette aporie ? M'en tenir à ce credo associatif que j'ai souvent décrit, et que je nomme la « méthode des petites lumières ». Elle dit que dans une nuit asymétrique, bien plus grand qu'elle, une petite lumière suffit à fixer un point d'attache dans l'obscurité, une direction, un espoir, et une raison d'agir.

Yann Boissière
Rabbin de Judaïsme en Mouvement.
Président de l'association « Les Voix de la Paix »

Du sang et des larmes, ce 7 octobre 2023

Marc Knobel

Les drames qui se sont déroulés sur le territoire israélien le 7 octobre 2023 et qui ont fauché la vie à plus de 1 200 personnes n'auraient jamais dû se produire. Pourtant, tout cela était prévisible, probablement. Mais les services de sécurité en Israël ont failli, me semble-t-il. Selon moi, les raisons en sont multiples. D'abord et pendant de longs mois, une crise politique a divisé et fragilisé la société israélienne autour de l'épineuse question d'une prétendue réforme judiciaire dont je pense qu'elle était aussi inutile qu'antidémocratique. Parallèlement, Benjamin Netanyahu, le Premier ministre, empêtré dans différentes affaires et accusé de corruption, ne devait plus avoir toute la lucidité nécessaire. J'ajouterai à ces difficultés, une probable trop grande assurance en une barrière de séparation et des moyens électroniques sophistiqués que quelques militaires israéliens présentaient jusque-là, naïvement ou sottement, comme étant un mur forcément infranchissable. Force est de constater que les Israéliens ont dû relâcher leur vigilance et les terroristes du Hamas ou du Djihad islamique en ont profité, assurément.

Pourtant, lorsque l'on connaît l'idéologie et la matrice du Hamas, lorsque l'on scrute comment le Hamas a modelé la bande de Gaza, depuis qu'il en a pris le contrôle exclusif, comment il l'a noyauté entièrement, comment le Hamas a endoctriné la population, comment il a formé des légions de mercenaires et de terroristes fanatisés, pourquoi et comment il a bombardé presque méthodiquement le sud du territoire israélien pendant des années, en envoyant constamment des roquettes et des missiles… tout cela aurait dû alerter plus que jamais. La vigilance n'aurait jamais dû se relâcher, même pas sous le prétexte qu'une fête religieuse juive se tenait au même moment. Les erreurs de la guerre du Kippour se sont, là encore, reproduites.

La charte du Hamas est pourtant comme un livre de sang et de mort, il est ouvert et il suffit de le lire, pour comprendre. La charte proclame « que abandonner une partie de la Palestine est comme abandonner une partie de sa religion ». Pour le mouvement islamiste, seul le djihad, considéré par l'article quinze comme une obligation religieuse, peut libérer ce territoire et restaurer une souveraineté, sous la forme d'un État islamique et par le biais d'une (ré)islamisation de la société. L'article 8 est encore plus catégorique. Le Hamas y rappelle sa devise : « Dieu est son but, l'Apôtre son modèle, le Coran sa constitution, le djihad son chemin et la mort sur le chemin de Dieu la plus éminente de ses espérances. » Dans son treizième article, le Hamas dit renoncer à toutes négociations. Selon lui, les initiatives et les conférences internationales préconisées pour régler la question israélo-palestinienne vont à l'encontre de la profession de foi du mouvement. Ainsi, « le patriotisme du Mouvement de la Résistance Islamique fait-il partie de sa religion », affirme le Hamas. « C'est sur cette base que ses membres ont été éduqués et c'est pour déployer l'étendard de Dieu sur leur patrie qu'ils mènent le Djihad. »

Dans ces conditions, comment s'étonner que le 7 octobre, les islamistes du Hamas soient venus faucher, écraser la vie dans une intention clairement et totalement génocidaire. Le but ultime du Hamas ? Tuer des Juifs, tuer, tuer, tuer et encore tuer. De fait, cette journée du 7 octobre et les suivantes sont définitivement marquées du sceau de la sauvagerie, du sceau de la barbarie, du sceau de l'inhumanité et de la mort. Depuis que des escouades d'islamistes, hurlant frénétiquement « Allahou Akbar » ont attaqué Israël. Par petits groupes et selon des plans établis et calculés minutieusement et longtemps à l'avance, les terroristes du Hamas, entraînés à tuer, sont entrés en territoire israélien pour y déclarer la guerre, assassiner, égorger, décapiter, détruire, brûler, frapper, violer, kidnapper indistinctement femmes, bébés, enfants, adolescents, adultes, vieillards, israéliens et étrangers et tous les civils qui se trouvaient dans des kibboutz ainsi que des travailleurs étrangers.

Depuis, cette funeste date résonne avec son cortège d'horreurs absolues perpétrées par les terroristes islamistes. Et, cette date restera dans l'histoire du XXIe siècle, comme les attentats qui ont été perpétrés par d'autres islamistes fanatisés, le 11 septembre 2001 à New York et le 15 novembre 2015 à Paris et dans sa périphérie.

Mais, il restera aussi qu'à partir du 7 octobre 2023, les Juifs du monde entier ont été exposés à un déchaînement inouï d'antisémitisme, aussi bien au Brésil, qu'aux États-Unis, à Londres, dénommé « Londonistan », qu'en passant par la Suisse ou l'Allemagne. Certes, à chaque soubresaut du conflit au Proche-Orient depuis l'Intifada de 2000, l'antisémitisme sévissait, notamment en France. Mais, depuis le 7 octobre 2023, des pays, des régions ou des villes qui étaient jusqu'ici relativement épargnés, ont été secoués, submergés par un antisémitisme déculpabilisé, détabouisé, affirmé, revendiqué et qui veut clairement en découdre avec les juifs, assimilés aux Israéliens, eux-mêmes accusés de se comporter comme des nazis.

Depuis des mois, je mesure cette vague déferlante qui secoue les miens, de partout à la fois. Je pèse leur désarroi, je mesure la peur et l'effroi. Je frôle le souvenir de l'ivresse des pogroms, même si je n'aime pas utiliser ce terme. Je scrute la mort, j'entends le cri de ralliement des bêtes assoiffées, lorsqu'ils crient « Mort aux Juifs ». Je m'arrête sur cette inscription « Un bon Juif est un Juif mort », sur les murs de nos écoles. C'est là, en six mots toute l'horreur de l'antisémitisme, son rêve ultime, sa seule jouissance. Qu'est-ce qu'il y a dans ces esprits malades ? Qu'est-ce qu'il y a dans ces esprits dérangés et assassins ? Pour qu'ils se plaisent à jouir ainsi en offrant à la vue de tous et de toutes, les lettres, les mots et les virgules d'une folie furieuse, d'une soif de mort ? Qu'est-ce que cela dit de la haine qui dévore ces gens ? Qu'est-ce que les « Mort aux Juifs » disent d'elles et d'eux ? Si ce n'est de la folie ? Si ce n'est pas de la bestialité ? Si ce n'est de l'obscurantisme ? Si ce n'est la monstruosité et le voyeurisme ?

Alors ? Assurément, le 7 octobre est marqué du sceau de la barbarie.

Plus tard, les historiens auront à analyser tous ces phénomènes, l'enchaînement de la violence et la guerre qui sévit depuis, terrible, atroce, pour la population palestinienne, à Gaza. Mais, il restera de ce 7 octobre plus d'une image. Notamment, le sourire carnassier, rose aux lèvres, des dirigeants du Hamas, planqués dans des hôtels luxueux de Doha, au Qatar, en train de prier et de faire des louanges à Dieu, à la vue du charnier terrible qui se déroulait sous leurs yeux, en Israël, ce 7 octobre. Comme dans une orgie de sang et de mort, ces fous de Dieu venaient d'entraîner cette région du monde dans une spirale étourdissante.

Marc Knobel
Historien et essayiste

Retour sur le 7 octobre

Jacob Rogozinski

J'ai rédigé la tribune qui va suivre, intitulée « Résistance et terreur : comment nommer le Hamas ? », une dizaine de jours après le pogrom du 7 octobre, sous le coup du traumatisme que j'avais ressenti, sans doute comme tous les Juifs, un traumatisme qui ne s'effacera pas. En la relisant quatre mois plus tard, j'ai pensé tout d'abord que je pourrais la signer à nouveau sans en changer un seul mot. À l'heure où, soit par aveuglement, soit par passion anti-juive, l'on accuse Israël de commettre un « génocide » à Gaza, la distinction fondamentale que je rappelais entre une stratégie militaire prenant pour cible un ennemi réel et une stratégie génocidaire cherchant à anéantir un « ennemi absolu » me paraît toujours pertinente. La définition du Hamas comme dispositif de terreur visant à exterminer le peuple d'Israël et la nécessité qui s'ensuit de briser son appareil politico-militaire : je ne vois rien qui puisse infirmer cette analyse. Rien non plus qui puisse apaiser la crainte que j'exprimais alors : qu'Israël ne cède au désir de vengeance sans déterminer d'objectifs politiques capables d'assurer une paix durable et juste. Ce qui passe forcément par un accord avec l'Autorité palestinienne afin d'avancer vers la seule issue possible de ce conflit, la solution à deux États. Il semble que nous en soyons plus éloignés que jamais ; et cela veut dire qu'Israël se condamne à une guerre sans fin et que de nouveaux « 7 octobre » risquent de se produire tôt ou tard.

Toutefois, l'évolution de la situation m'oblige à reconsidérer certaines de mes affirmations. Face à l'extrême brutalité de la riposte israélienne et aux dizaines de milliers de morts qu'elle a provoqués chez les civils palestiniens, il devient de plus en plus difficile de soutenir comme je le faisais que ces morts ne sont que des « conséquences indirectes » d'une opération militaire légitime. Michael Walzer a raison de rappeler que la manière dont on mène un combat juste peut compromettre la justesse de ce combat. N'est-ce pas le cas aujourd'hui de la guerre à Gaza ? La destruction systématique des habitations et des infrastructures, la volonté d'entraver le ravitaillement des civils gazaouis en vivres, en eau et en médicaments obéissent-elles uniquement à des exigences militaires ? Quand le « brouillard de la guerre » se sera dissipé, l'on pourra mieux repérer ce qui, dans la façon dont Tsahal mène son offensive, relève d'une nécessité stratégique et ce qui est la conséquence des calculs cyniques de Netanyahou, peut-être aussi du délire haineux de ses alliés d'extrême droite. Lorsque j'évoquais ces « fanatiques qui entraînent leur pays vers le pire », je n'imaginais pas à quel point un Smotrich, un Ben-Gvir et leurs partisans pouvaient être dangereux pour Israël. Lorsqu'ils proclament qu'il faut re-coloniser Gaza en expulsant ses habitants et en les déportant en Afrique, ils veulent donner à la riposte militaire de Tsahal une dimension colonialiste et raciste qui la défigure. Comme le Hamas, ils désignent l'adversaire comme un ennemi absolu avec qui aucun compromis ni aucune paix ne seront jamais possibles. Si le Hamas s'en prend – avec quelle férocité ! – aux corps du peuple d'Israël, l'extrême droite israélienne s'en prend à son âme : à l'idéal émancipateur initial du projet sioniste et aux principes de l'éthique juive. Un observateur lucide comme Élie Barnavi en vient même à se demander si, lorsqu'il « faudra bien en arriver aux décisions douloureuses, Israël n'échappera pas à une forme de guerre civile ».

Je garde malgré tout confiance dans le dynamisme et la résilience de la démocratie israélienne et je continue à espérer que le dernier mot ne reviendra pas à la haine.

26 février 2024

Résistance et terreur : comment nommer le Hamas[1] *?*

« Mal nommer un objet, c'est ajouter au malheur de ce monde ». Cette admirable formule de Camus a gardé toute sa force. Le Hamas doit-il être désigné comme un mouvement de résistance ou comme une organisation terroriste ? La réponse décide de l'attitude qu'il convient d'adopter, après le pogrom du 7 octobre, envers ceux qui en sont responsables. Une députée de la France Insoumise a déclaré que « le Hamas est un mouvement de résistance » parce qu'il « résiste à une occupation ». La noblesse de la cause permettrait de justifier l'atrocité de ces crimes ; ou du moins de les condamner modérément, comme des actes répréhensibles, mais qui valent ceux que l'on impute à l'armée d'Israël. Qu'en est-il de ce terme, « résistance », qui aurait le pouvoir d'absoudre les crimes que l'on commet en son nom ? Cette notion est équivoque tant que l'on n'a pas repéré qui résiste, comment et dans quelle perspective. Après 1918, alors que l'armée française occupe la Rhénanie, des nationalistes allemands commettent des sabotages. L'un de leurs chefs, Schlageter, est fusillé par les Français. Il sera célébré comme un héros par les nazis. Les causes les plus abjectes ont aussi leurs résistants et leurs martyrs.

Comme toute occupation militaire, celle de la Cisjordanie par Israël est la cause d'humiliations, de violences et de morts.

1. Ce texte est paru sous une forme légèrement modifiée dans *Le Monde* du 24 octobre 2023.

Et pourtant l'on se trompe si on croit que les actions de ceux qui la combattent seraient toujours légitimes parce qu'ils s'opposent à une injustice. Tous les terrorismes se justifient en prétendant qu'ils veulent réparer un tort. Ce qui est décisif n'est pas le tort en question, mais le caractère du dispositif qui l'invoque : s'agit-il d'un dispositif d'émancipation ou d'un dispositif de terreur ? Pour le savoir, il faut prendre en compte ses objectifs et les arguments qui lui permettent de se légitimer. Le projet du Hamas est exposé dans sa Charte de 1988[2], toujours en vigueur aujourd'hui[3]. Selon elle, les Israéliens doivent être combattus de façon implacable non seulement parce qu'ils occuperaient la Palestine, mais *parce qu'ils sont juifs*. Le Hamas se définit comme un mouvement islamique engagé dans un *djihad* qui doit être mené jusqu'à l'anéantissement de l'État d'Israël. Quant au sort réservé aux Juifs, la Charte invoque une déclaration attribuée à Mahomet qui annonce que « le jour du Jugement dernier ne viendra pas » avant que les musulmans n'aient engagé une guerre totale pour en finir avec eux (article 7). Elle dénonce ensuite une conspiration ourdie par les Juifs qui, « avec leur argent », ont provoqué la Révolution française, les révolutions communistes et les deux guerres mondiales (article 22). Car le « plan sioniste » serait « contenu dans les *Protocoles des Sages de Sion* » (article 32). La stratégie du Hamas s'appuie ainsi sur un *fake* antisémite forgé vers 1900 par la police secrète du tsar pour accréditer le mythe de la Conspiration juive mondiale. Hitler, qui avait appris les *Protocoles* par cœur, en avait tiré les conséquences qui s'imposent. S'il est vrai qu'un complot maléfique conduit le monde à sa perte, il convient d'anéantir jusqu'au dernier tous ses membres.

---

2. On trouve sa traduction française sur le site *proche-orient.info*.
3. Cf. l'entretien de Khaled Mechaal avec Leïla Seurat paru dans *Orient XXI* en mai 2017.

Cela dit, si on veut caractériser un mouvement qui se proclame « de résistance », il ne suffit pas de se référer à ses principes fondateurs. Il faut aussi se demander si son mode d'action correspond à l'orientation qu'ils définissent. Les mouvements de libération nationale concentrent leurs attaques sur des cibles militaires. Ils considèrent les occupants comme des ennemis provisoires avec qui ils pourraient un jour faire la paix. Les dispositifs de terreur s'en prennent avant tout aux civils et ils considèrent leur cible comme un *ennemi absolu*, un « monstre » indigne de vivre, avec qui aucune paix n'est possible et qui doit être anéanti. L'affect qui les anime est la haine. C'est une erreur de la confondre avec la colère, car celle-ci s'origine dans le sentiment d'une injustice, alors que la haine désire seulement détruire ses objets même s'ils n'ont commis aucun tort. La stratégie des dispositifs de terreur consiste à s'emparer d'une juste colère, d'une révolte légitime contre l'oppression, pour les changer en haine. Lorsque cela suscite en retour de la haine chez ceux qu'ils ont pris pour cible, leur objectif est atteint, car ils se nourrissent de la haine et cherchent à l'accroître indéfiniment.

Le Hamas est un mouvement terroriste parce qu'il s'attaque à des civils désarmés. N'est-ce pas aussi le cas de l'armée israélienne lorsqu'elle bombarde Gaza ? Judith Butler rappelle qu'aucune vie n'est « plus digne d'être pleurée qu'une autre », que la vie des victimes palestiniennes vaut autant que celle des victimes israéliennes[4]. Elle a raison, mais cela permet-il de comprendre ce qui est en jeu ? Le Hamas a pour tactique de se fondre dans la population en transformant les habitants de Gaza en boucliers humains. Il a commis délibérément des massacres en Israël afin de provoquer une riposte dévastatrice, ce qui montre qu'il n'accorde aucune valeur à la vie des Palestiniens. Nous devons faire

4. Cf. J. Butler, « Condamner la violence », traduction française dans *AOC* du 13 octobre 2023.

la différence entre une stratégie militaire qui entraîne comme *conséquence indirecte* la mort de civils et une stratégie génocidaire pour laquelle l'assassinat en masse de civils est un *but en soi.* Le bombardement des villes allemandes par l'aviation alliée a causé beaucoup de morts ; mais cela diffère radicalement de la traque systématique des Tziganes et des Juifs envoyés dans les chambres à gaz. Ceux qui méconnaissent cette distinction et se contentent de condamner indifféremment toutes les violences ne comprennent rien à ce qui arrive aujourd'hui.

Lorsqu'Israël répliquera, il faut espérer qu'il ne commettra pas les mêmes erreurs que les USA après le 11 septembre : qu'il ne cédera pas au désir de vengeance en se lançant dans une offensive sanglante sans se donner les objectifs politiques qui permettraient d'arriver un jour à la paix. Qu'il réponde à la haine par une haine aveugle, c'est ce qu'attend de lui le dispositif de terreur. On peut craindre que l'actuel gouvernement d'Israël ne précipite son pays dans ce piège. Depuis des années, la droite israélienne s'efforce, comme le Hamas, d'éliminer toute perspective de paix. Espérons que le peuple d'Israël chassera du pouvoir le politicien cynique et ses alliés fanatiques qui entraînent leur pays vers le pire. Quant aux organisations terroristes qui prennent en otage les habitants de Gaza en les exposant à la détresse et à la mort, elles ne pourront être brisées que par la force des armes. Le Hamas et le Djihad islamique sont le principal obstacle à une paix juste et durable, une paix qui implique – aussi utopique que cela puisse paraître aujourd'hui – la création d'un État palestinien capable de coexister avec Israël. L'avenir nous dira si c'est possible ou si le dernier mot reviendra à la haine.

JACOB ROGOZINSKI
Professeur émérite
à la Faculté de philosophie de Strasbourg

D'un pogrom à l'autre : Chana Orloff et son héritage

Paul Salmona

Le 7 octobre 2023, l'équipe du musée d'Art et d'Histoire du judaïsme prépare une exposition-dossier intitulée « *L'enfant Didi*, itinéraire d'une œuvre spoliée de Chana Orloff, 1921-2023[1] ». Le musée entend saluer, après quinze années de démêlés judiciaires, la restitution de cette œuvre à Ariane Tamir et Éric Justman, petits-enfants de cette sculptrice d'origine ukrainienne, active en France à partir de 1912. *L'enfant Didi* appartient en effet à un ensemble de cent quarante sculptures volées le 4 mars 1943 avec tout le contenu de l'atelier-logement de Chana Orloff à Paris. Passée de main en main sans que l'on en connaisse les détenteurs successifs, l'œuvre réapparaît à New York en 2008. Sollicités pour authentifier la sculpture avant sa vente aux enchères, les ayants droit de Chana Orloff y reconnaissent un bois représentant leur père, Élie Alexandre Justman, né à Paris le 4 janvier 1918, dit « Didi ».

Plusieurs procédures judiciaires auront été nécessaires, aux États-Unis puis en France, pour que l'œuvre leur soit restituée. Bien que les organisations américaines comme la *Claims Conference* soient particulièrement actives sur les questions d'indemnisation des Juifs, il est ardu aux États-Unis d'obtenir du détenteur

1. Exposition conçue par Pascale Samuel, présentée de novembre 2023 à décembre 2024.

d'une œuvre spoliée qu'il s'en défasse, et les frais de justice y sont considérables. En France, l'ordonnance de 1945 sur la nullité des actes de spoliation ne comporte pas de délai de prescription, mais devant le Tribunal judicaire de Paris l'avocat de la maison de ventes internationale impliquée déploiera une kyrielle d'arguments dilatoires pour empêcher une décision de restitution, allant jusqu'à tenter de susciter une jurisprudence rendant caduque l'ordonnance de 1945 – sans succès, fort heureusement. C'est dire que les affirmations des *auctioneers* quant à leur vigilance sur les œuvres spoliées relèvent du *provenance washing*. Il faudra la mort du détenteur américain pour que la morale, sinon le droit, triomphe enfin grâce à une transaction entre son héritier et les petits-enfants de Chana Orloff. Et, le 6 janvier 2023, l'œuvre réintègre enfin l'atelier qu'Ariane Tamir et Éric Justman ont transformé en musée, offrant au public un exemple unique d'espace de travail et de vie d'une artiste de l'école de Paris, présentant notamment des œuvres que Chana put retrouver préservées chez son fondeur Eugène Rudier, à Malakoff.

L'enfant Didi est le portrait en pied d'un garçonnet de trois ans. Debout, mains dans le dos, cheveux coupés au bol, joues rondes et regard doux, il se dresse sur son socle parallélépipèdique en bois brut qui ne fait qu'un avec les pieds du garçonnet[2]. Parfaitement polie, brunie par les années mais bien conservée, la sculpture est réalisée dans un assemblage massif de trois pièces de bois collées, qui témoigne de l'aptitude de l'artiste à user de tous les matériaux disponibles. Comme l'écrit Pascale Samuel, conservatrice de la collection moderne et contemporaine du MahJ, dans le catalogue de l'exposition que le musée Zadkine a consacré à l'artiste en 2023 :

---

2. Cf. Pascale Samuel, « L'Enfant Didi, 1921 », in Cécilie CHAMPY-VINAS et Pauline CRÉTEUR (dir.), *Chana Orloff. Sculpter l'époque*, Paris Musées, 2023, p. 156-157.

> Elle l'a d'abord taillé en ronde-bosse, dégageant le corps de l'enfant, puis l'a lissé longtemps afin de sublimer ce matériau rustique et offrir une surface très douce, qui renvoie la lumière. La sculpture est remarquable à la fois par la simplification des volumes et par la stylisation du visage, tout en réussissant à conférer au modèle une présence physique intense. Le traitement du bois, ainsi que l'articulation des formes pleines et élémentaires du corps et la position légèrement fléchie des jambes, avec les pieds se confondant avec le socle, évoquent les statuettes Baoulé de Côte d'Ivoire. Chana Orloff réussit à tirer les leçons de la modernité, suivant à sa façon la voie ouverte par son contemporain Constantin Brancusi, tout en restant figurative[3].

L'œuvre a été volée le 4 mars 1943, sans que l'on sache par qui[4]. Car Chana avait quitté Paris avec son fils en 1942, prévenue de la rafle du Vel' d'Hiv, pour se réfugier en zone sud puis passer en Suisse, où elle put travailler en dépit des règles très restrictives régissant la présence des réfugiés. On perd donc la trace de *Didi*, mais pas celle du fils de l'artiste, qui reviendra en France avec sa mère le 8 mai 1945.

Ces bois sont rares dans l'œuvre de Chana Orloff, qui avait rapidement atteint dans l'entre-deux-guerres une certaine aisance matérielle, lui permettant l'usage de matériaux comme le bronze, coûteux mais appréciés de ses clients, et lui conférant les moyens de la commande en 1925 d'un atelier-logement Villa Seurat. Chaïm Soutine, qui fut son ami, s'installera au 18 de la Villa en 1938. L'atelier est édifié par Auguste Perret – dont elle avait sculpté le portrait en 1923[5]. Décorée de la Légion d'honneur en 1925 et devenue citoyenne française en 1926, il avait fallu à

---

3. *Idem.*
4. Didier Schulmann, « La sculptrice habite au 7 bis », in Cécilie Champy-Vinas et Pauline Créteur (dir.), *op. cit.*, p. 147.
5. Cf. Cécilie Champy-Vinas et Pauline Créteur (dir.), *op. cit.*, p. 101.

Chana Orloff « moins de dix ans pour établir sa réputation de portraitiste prolifique et de figure majeure de l'école de Paris[6] ».

En 1921, quand elle réalise cette sculpture, Chana n'est qu'au début de cette brillante carrière qui lui vaudra des commandes nombreuses, notamment comme portraitiste de l'intelligentsia. Arrivée de Palestine à Paris en 1910 pour apprendre la couture chez Jeanne Paquin, elle réussit le concours de l'École des arts décoratifs en 1911[7] où elle révèle très tôt un talent de dessinateur et de sculpteur. Dès 1913, elle présente des œuvres au Salon d'Automne. Elle fréquente les milieux artistiques de Montparnasse et se lie à Ossip Zadkine, Moïse Kisling et Amedeo Modigliani, auquel elle présente Jeanne Hébuterne, étudiante comme elle aux Arts décoratifs[8].

Chana est originaire d'Ukraine où elle est née en 1888 à Tsaré Konstantinovska, dans l'oblast de Donetsk. Pour fuir les pogroms, la famille quitte l'Ukraine pour la Palestine ottomane en 1905. Les parents de Chana, Raphaël et Rachel, et leurs enfants, Shimshon, Meier, Rina, Zwi, Aaron, Masha, Miriam, Chana et Avraham, s'installent dans un *moshav* à Petah-Tikva, dans la banlieue de Tel-Aviv en 1906, participant à ce que l'on nommera la deuxième *alyah*.

En 1946, la fille de Zwi, Rina, fera partie des créateurs du kibboutz Be'eri dans le sud d'Israël. Elle aura deux filles, Lilach Lea Kipnis et Shoshan Haran.

---

6. Paula Birnbaum, « Les femmes d'Orloff. De la femme moderne à la mère moderne », in Cécilie Champy-Vinas et Pauline Créteur (dir.), *op. cit.*, p. 73.
7. Cf. Maxime Paz, « Chana Orloff, une formation discrète à la sculpture », in Cécilie Champy-Vinas et Pauline Créteur (dir.), *op. cit.*, p. 12.
8. Cf. Anne Grobot, « Chana Orloff (1888–1968). La traversée d'une artiste moderne », in Cécilie Champy-Vinas et Pauline Créteur (dir.), *op. cit.* p. 173.

Le 7 octobre 2023, trois membres de la famille – Lilach Lea Kipnis et son mari Evyatar, ainsi qu'Avshalom Haran, époux de Shoshan – sont assassinés par les hordes du Hamas. Sept autres membres de la famille de Shoshan, dont trois enfants, sont pris en otage : Shoshan elle-même (67 ans), Adi, sa fille (38 ans), Tal Shoham, son gendre (38 ans), Naveh (8 ans) et Yahel Neri (3 ans), ses petits-enfants, Sharon (52 ans) et Noam Avigdori (12 ans), ses belle-sœur et nièce. Le 25 novembre 2023, les femmes et les enfants sont libérés après cinquante jours de captivité. En mai 2024, à l'heure où j'écris ces lignes, Tal Shoham est toujours retenu en otage.

Au MahJ, la muséographie de l'exposition a été conçue par l'architecte Ary Justman, arrière-petit-fils de Chana Orloff, qui porte le nom de son arrière-grand-père, le poète polonais Ary Justman, époux de Chana, mort de la grippe espagnole en 1919, et dont le nom survit à travers lui. À Tel-Aviv, sa tante Ariane Tamir se bat pour sauver Tal Shoham et les autres otages[9].

PAUL SALMONA

Directeur du musée d'Art et d'Histoire du judaïsme

---

9. Voir le site du musée d'Art et d'Histoire du judaïsme.

L’Esprit du judaïsme

Perrine Simon-Nahum

S’il est un commandement que nous intime le judaïsme c’est bien celui de penser[1]. Dans *Eichmann à Jérusalem*, Hannah Arendt revient sur la culpabilité de l’accusé. Celui-ci est coupable à ses yeux et doit être condamné moins en tant que membre du parti nazi ou comme l’un des organisateurs de la Solution finale que pour avoir renoncé à penser. Les assassins du Hamas se sont aujourd’hui rendus coupables du même crime, en réaffirmant qu’Israël n’avait pas sa place sur cette terre. Car « penser », au sens d’Arendt, signifie rien moins qu’accueillir la pluralité du monde, partager celui-ci avec nos contemporains, car sans commun il n’est pas de monde possible. L’évidence qui s’est imposée, aux yeux de tous, le 7 octobre, c’est que le socle commun patiemment – et parfois douloureusement – érigé depuis que le début des années 1970 avait révélé les crimes de Vichy venait de voler en éclats. Il est probable qu’à l’image du 20 janvier (1942) ou du 11 septembre (2001) dont le poète Paul Celan ou Jacques Derrida ont fait des lignes de partage dans l’histoire de l’humanité, cette date demeurera comme une cicatrice que rien ne pourra effacer.

Le 7 octobre, pourtant, l’histoire a semblé bégayer. Le pogrom qui a débuté au petit matin n’a en effet pas seulement réveillé la

1. Ce texte est la reprise d’un article paru dans *L’Arche*, janv-février 2024, n° 702, p. 4-7.

mémoire séculaire des massacres perpétrés contre les juifs dans les temps anciens. Il a remis en question ce que la raison et l'histoire avaient patiemment élaboré depuis la sortie de la Seconde Guerre mondiale et la révélation de l'existence des camps : le caractère d'exceptionnalité de la Shoah et l'idée que, de tous les garde-fous nous mettant à l'abri d'un retour de l'événement, l'existence de l'État d'Israël était le plus solide. Nous l'avons instinctivement compris. Il est impossible de considérer ce qui s'est produit comme un épisode supplémentaire dans la guerre que les États arabes mènent à l'État d'Israël depuis sa création. Ce n'est pas en tant que citoyens israéliens que les habitants des kibboutz ont été massacrés mais parce qu'ils étaient juifs. Pas davantage on ne saurait attribuer la multiplication des actes antisémites à laquelle nous assistons en France à une simple « importation » du conflit moyen-oriental dans les frontières de l'hexagone ou à l'intérieur de celles du continent européen. Il y va d'un problème autrement plus profond et ancien.

Le plus pénible tient sans doute dans le fait que nous n'ayons pas été surpris. Car jamais nous n'avons pu souscrire à l'idée d'une disparition de l'antisémitisme. Réinvesti avec force sur notre territoire à la faveur de la seconde Intifada de l'année 2000 par les partis d'extrême gauche, alléguant l'intégration difficile des enfants d'immigrés dans les banlieues, celui-ci n'a en réalité jamais disparu. Il est demeuré un élément de reconnaissance d'une extrême droite rassemblée au sein du Front National de J.-M. Le Pen. Il s'est nourri sur les décombres du tiers-mondisme et de la cause palestinienne embrassée par une gauche désireuse de se libérer des crimes de la guerre en donnant au Palestinien le visage de la victime tandis que l'Israélien endossait le rôle du bourreau. Durant toutes ces années nous n'avons cessé de dénoncer la collusion d'un antisémitisme venu pour l'un d'extrême droite et pour l'autre d'extrême gauche au sein d'une alliance rouge-brun-vert à laquelle s'agrège l'ensemble des pensées intersectionnelles. Nous avons eu beau jeu d'alerter les autorités lors de chaque épisode de violence anti-républicaine et face à la montée de la détestation des juifs dans ce que Georges Bensoussan avait appelé en son temps « les territoires perdus de la République » et dont le périmètre s'est largement étendu depuis. Nous avons pris note avec Jean-Pierre Obin et Iannis Roder des défaites de l'école républicaine et de son impuissance à enseigner la Shoah comme le respect des enfants juifs. Nous avons entendu les mises en garde de Dominique Schnapper lorsqu'elle a prévenu que les attaques contre les juifs ne faisaient que précéder la mise en cause de la République. Et pourtant c'est cette énumération qui a perdu elle-même son sens au lendemain du 7 octobre. Car ce qu'ont montré les massacres perpétrés par le Hamas et les répliques de plus ou moins faible intensité qu'ils ont engendrées, depuis le Daghestan, république musulmane de la Russie poutinienne jusqu'aux rues et sur les murs de nos villes, est pire qu'une terrible régression.

Prenant le contre-pied de la célèbre formule d'Héraclite : « On ne peut entrer deux fois dans le même fleuve », la singularité du peuple juif serait-elle de se voir, à la différence de tous les autres, condamné à la répétition, c'est-à-dire assigné à un destin ? Ce que nous révèle le retour des pogroms n'est en effet rien d'autre que la possibilité d'une réversibilité de l'histoire. Le symbole le plus cruel est sans doute que l'événement se soit produit en Israël, pays que les juifs du monde entier considèrent comme leur dernier refuge, même lorsqu'ils ne nourrissent pas de projet d'*alyah*. Le plus effrayant est qu'il ait eu lieu sur ce petit bout de terre dévolu aux rescapés de la Shoah dans le but de garantir qu'un tel massacre ne puisse jamais plus se reproduire car il existerait désormais dans le monde un endroit où ils se trouveraient toujours en sécurité. Peut-être était-ce pour conjurer ce bégaiement de l'histoire que le chef d'état-major de Tsahal a jugé bon de déclarer qu'à Gaza l'armée israélienne allait « abolir le temps ».

Le terme de pogrom renvoie aux massacres de juifs qui se sont produits en Russie à partir des années 1880 et jusque dans les années 1920. Étudiant la politique antijuive de ce pays, le grand historien de l'antisémitisme, Léon Poliakov, soulignait dans *L'Europe suicidaire* à la fois le caractère asiatique plus qu'européen du peuple russe et la continuité entre la politique tsariste à l'égard des juifs et celle du pouvoir communiste. Il éclairait les racines de l'antisémitisme en mettant l'accent sur ses motifs religieux et idéologiques. Lancés depuis des accusations de meurtre rituel (« le sang des enfants chrétiens versé par les infidèles et perfides juifs, crie au ciel[2] ! ») – nous ne sommes pas loin des imputations actuelles – les pogroms se déclenchèrent à la suite de l'assassinat du tsar Alexandre II le 1er mars 1881. Le premier éclata à Elisavetgrad puis d'autres suivirent à Kiev, Odessa, une sainte Légion ayant été créée spécialement dans le but de les susciter et les entretenir. Leur multiplication dans les années qui suivirent fut à l'origine des grandes vagues d'immigration de juifs aux États-Unis et en Europe, notamment en France, mais aussi de la création du Bund et de l'émergence de la première génération sioniste.

Si l'œuvre de L. Poliakov résonne aussi fortement aujourd'hui c'est sans doute parce que, le tout premier, il mit en lumière la part d'irrationnel et de représentations qui constitue la spécificité de la haine séculaire dont les juifs sont l'objet et dont chacun peut ressentir combien elle participe toujours des crimes actuels. Car il est aisé de remettre ses pas dans les crimes de l'histoire. Ce que déploie Poliakov sur plus de 1 500 pages, c'est que, de l'antijudaïsme à l'antisémitisme, la haine des juifs est une passion. De Satan vouant les manants du Moyen Âge à la damnation à la dénonciation du capitalisme mondialisé,

2. Léon Poliakov, *Histoire de l'antisémitisme IV, L'Europe suicidaire* Paris, Calmann-Lévy, « Liberté de l'Esprit », 1994, p. 102.

en passant par *le Protocole des Sages de Sion*, faux avéré, publié en Russie en 1903 et dénonçant le complot judo-maçonnique, le schéma est le même : celui d'un complot ourdi par les juifs dont il convient d'éradiquer la présence sur terre en raison de cette causalité diabolique.

On pourrait alors se contenter de l'appel aux passions pour expliquer la haine à laquelle les assassins ont donné libre cours il y a deux mois, et commenter la rage destructrice qui s'est focalisée sur les enfants, les bébés jusqu'aux fœtus dans le ventre de leur mère, tout ce qui a trait à la descendance. On retrouve en effet dans les gestes des tueurs du Hamas la marque des atrocités commises par les Hutus contre les Tutsis que relevait déjà l'historien Stéphane Audoin-Rouzeau : une mise à mort des corps autant que des âmes, une cette volonté de découper, de démembrer l'autre. Pourtant une fois encore, on ne saurait s'arrêter là. De même peut-on tenter de dépasser le diagnostic livré par Freud en 1915 dans ses *Considérations actuelles sur la guerre et la mort*, lequel analysait les atrocités de la première Guerre mondiale dans la suite de l'héritage psychogénétique de la horde primitive et du meurtre du père mis en lumière par la psychanalyse.

« *Think we must !* » s'insurgeait Virginia Woolf à l'aube de la Seconde Guerre mondiale. Pouvons-nous décider à notre tour de relever le défi, nous, les seules générations à n'avoir souffert ni de la guerre, ni des massacres de masse ? Avons-nous seulement le choix ? Aucune génération ne peut se prétendre meilleure que celles qui l'ont précédée. Au moins pouvons-nous dire que nous aurons été prévenus et qu'il y va du refus de voir se produire une deuxième Shoah. Que l'histoire soit susceptible de régressions c'est ce dont nous sommes pleinement conscients tout comme du fait que notre époque incarne peut-être l'une d'elles. Une chose, pourtant, nous est interdite par la tradition, que notre attachement y soit religieux ou non : c'est de nous soumettre au destin. L'histoire n'est pas réversible. D'ailleurs nous ne disposons même plus de l'illusion de croire dans les possibilités qui s'offraient encore à nos prédécesseurs : l'émigration ou le sionisme.

Les expressions prises par la haine qu'on voue aux juifs nous livrent le sens de l'événement : ils témoignent de l'ensauvagement dont Thérèse Delpech montrait qu'il se produit chaque fois que les hommes ont le sentiment d'être emportés par son souffle sans pouvoir la retenir. Cette désorientation se lit à travers l'injonction faite aux esprits faibles de répondre à une loi divine dont le moins qu'on puisse observer en regardant autour de nous est qu'elle n'a pas assuré le bonheur de l'humanité. C'est en cultivant les passions mauvaises et cette politique des affects dont notre époque est friande, que le fondamentalisme touche au fanatisme et on ne sait lequel, de la détestation suprême qui condamne à toutes les violences ou de l'idéologie mortifère qui ordonne d'éradiquer de la surface de la terre tous ceux qui ne pensent pas comme vous, infidèles ou apostats, placés en premier. Il devrait donc être possible d'y répondre en s'opposant aux affects partout où ils déforment la réalité et attisent les passions, en invoquant l'histoire, en refusant l'ensauvagement. Il faut pour cela un esprit de vérité et du courage politique.

De quelles armes disposons-nous ? Il faut d'abord opposer aux mystifications le démenti des faits. Celui-ci est en premier lieu le fait d'une analyse d'ordre géopolitique. Personne ne peut honnêtement soutenir que le Hamas représente les Palestiniens, ni que les États arabes de la région se sont un jour souciés de l'avenir de leurs « frères palestiniens » qu'ils ont abandonnés à la misère et dont ils cultivent la violence et le ressentiment comme un outil politique à leur profit. De la même façon, il est vain d'attendre un règlement proposé par les instances internationales qui se sont disqualifiées. L'ONU a achevé de se discréditer en élisant la Chine en 2021 à la Commission chargée des droits de l'homme ou plus récemment lorsque le président du forum social des droits de l'homme, par ailleurs représentant de la République islamique, a coupé le micro d'une militante iranienne qui évoquait la condition des femmes dans son pays. Il semble qu'on doive également passer par pertes et profits les ONG agissant sur place promptes à prendre la défense des Gazaouis mais qui ont choisi de demeurer sourdes aux demandes formulées par les familles des otages israéliens. Convenons que le règlement du conflit ne pourra venir de ce côté-là et qu'il faudra chercher ailleurs une solution vraisemblablement dans le principe de réalisme qu'adopteront les différents belligérants face à l'extension possible des hostilités. Restera un principe qu'il nous faut retenir pour l'avenir lorsque nous nous adresserons aux âmes bien-pensantes : celui du deux poids, deux mesures qu'elles n'ont de cesse d'opposer à l'Occident et pratiquent pour leur part allègrement.

Cela nous ramène à la réalité nationale et à l'idée que le sort des juifs se joue désormais autant en diaspora qu'en Israël. Plus que jamais il nous faut aujourd'hui reconnaître que la puissance des uns fait la force des autres. Toute faiblesse chez ces derniers – on le voit aujourd'hui – vient attiser l'ire des populations qui, chez nous, ne font pas la différence entre juifs et israéliens et pratiquent un antisémitisme aussi virulent et mortifère que l'antisionisme des pays qu'ils se représentent de façon fantasmatique comme leur terre d'origine et aux combats desquels ils s'identifient. La démocratie et la République doivent apprendre à se défendre sur le territoire national comme sur le continent européen et pour cela comprendre que la guerre qui s'est déclarée est aussi la leur, tout comme celle qui fait rage sur le front ukrainien depuis presque deux ans. Car il est évident que si Israël constitue une plaie ouverte dans ce paysage moyen-oriental, de la même façon que l'Ukraine se rend insupportable à sa voisine russe, c'est, certes, en raison de ses réussites économiques, mais plus encore du projet émancipateur qui est aux racines de l'État et continue d'être porté par une part – certes, de plus en plus minoritaire – de sa population. Ce ne sont pas ici deux nations qui s'affrontent, pas même deux religions. Nous n'assistons pas à un choc des civilisations mais bien au combat à mort de deux visions de l'homme. Israël en danger, nous le sommes tous à travers lui : comme juifs, comme démocrates, comme occidentaux. Ce que les fondamentalistes du Hamas et d'ailleurs abhorrent, ce qu'ils cherchent à détruire en envoyant des avions dans des tours, en déchargeant leurs fusils d'assaut sur les terrasses des cafés ou dans les concerts, c'est que qu'ils fustigent sous le nom d'Occident : la liberté et la culture. Le message qu'ils entendent délivrer est clair : c'est celui d'un rigorisme de la foi, de la nécessité d'assurer le triomphe d'un ordre moral qui combat les valeurs d'émancipation et d'égalité, conteste les droits des femmes ou des homosexuels et considère l'existence comme une charge qui incombe au fidèle, lequel devra préférer la mort à la vie, dès lors qu'il s'engage dans la lutte sainte, le *jihad*. La surenchère de pureté qui en résulte a comme contrepartie les souffrances imposées aux impies et aux apostats mais aussi à leurs familles ou à leur entourage. C'est cette frontière qui s'est installée d'abord insidieusement puis, de plus en plus, à visage découvert depuis maintenant plusieurs décennies dans nos sociétés démocratiques, une ligne séparant dans les discours des fondamentalistes les purs et les impurs à mesure que l'endoctrinement religieux prenait le pas sur le pouvoir émancipateur de l'éducation et l'esprit critique. C'est elle qui, traversant le champ des sciences sociales, a gagné les universités américaines et parfois les nôtres empruntant d'autres noms (celui de *wokisme* par exemple).

La situation d'urgence qui est la nôtre nous met face à nos responsabilités. La défense de nos sociétés requiert aujourd'hui le courage de leurs dirigeants comme celui de leurs opinions publiques. Cela fait trop longtemps que nos ennemis se rient de nous en usant de nos principes à notre encontre pendant qu'ils s'acharnent à nourrir la haine de ceux qui sont venus s'installer sur notre sol pour fuir la faillite des anciens décolonisés.

Il faut cesser d'euphémiser les discours et affronter les difficultés ce qui signifie aussi démonter les rouages qui mettent en regard les événements internationaux et les incidents intérieurs. Ceci suppose également de reconnaître les insuffisances des politiques mises en place et de leur donner l'efficacité nécessaire. Les solutions existent : on en trouve de multiples exemples dans les propositions avancées par des intellectuels qui sont aussi des acteurs directs de terrain. Tout cela requiert cependant un courage auquel ni nos dirigeants ni les citoyens ne nous ont jusqu'ici habitués.

Nous ne gagnerons la guerre qu'à la condition de refuser le destin auquel les ennemis nous assignent : la sortie de l'histoire qui recouvre le conflit actuel de la large pelisse d'une théologie mortifère de manière à en masquer le caractère politique et culturel. Juifs comme non-juifs, cela suppose que nous ne lâchions rien des principes de raison qui nous ont permis de modeler depuis deux siècles notre identité aux couleurs d'une modernité émancipatrice et généreuse. S'agissant des juifs, nous ne sortirons vainqueurs qu'en mobilisant l'esprit du judaïsme qui, à l'instar de l'humanisme, n'a cessé d'affirmer sa foi dans l'intelligence et la grandeur de l'homme. Tel est le défi qui s'offre à notre génération. À condition de relever celui-ci, elle pourra alors se présenter tête haute face au jugement de l'histoire.

Perrine Simon-Nahum
Directrice de recherche au CNRS
Professeure attachée au département
de philosophie de l'ENS-Ulm

Perdre sa voix

Raphael Zagury-Orly

Je suis sans voix depuis le 7 octobre[1]. Toujours aussi surpris – on ne s'y habitue pas – de voir et d'entendre « ceux qui savent », ceux qui nous expliquent qui est le « vrai » responsable dans ce qui vient d'arriver. Toujours aussi surpris de voir ceux qui se précipitent pour déballer leur version préconçue des événements ; ceux qui courent sur les plateaux des médias pour parler d'une voix assurée et définitive des « raisons de la crise actuelle » (apparemment, ce n'est donc qu'une crise de plus pour eux) et d'un « soulèvement civil légitime ». Ceux qui nous expliquent « la cause de toutes les horreurs » : « l'occupation israélienne ». Et puis il y a le Secrétaire général de l'ONU – l'éternel ONU qui, à la fin du mois d'octobre 2023 a vu l'Iran prendre la présidence du Forum social des droits de l'homme – déclarant : « L'attaque contre Israël, n'a pas eu lieu depuis un vacuum ». Il s'agit donc d'une simple « attaque », qu'il faudrait encore et toujours contextualiser. Ils savent, eux. Ils ne tremblent jamais. Sans rien dire de ceux qui versent leur venin sur les réseaux, le multipliant de manière vertigineuse à travers des followers zélés. Le Hamas aurait été poussé à bout. Ça se comprend…

Maintenant que je retrouve partiellement ma voix, je ne veux pas faire de géopolitique, je ne m'en sens pas capable d'ailleurs en ce moment, moi qui – pour le coup – ai une vraie

1. Texte écrit 10 jours après le 7 octobre 2023.

culture historique, qui ai peut-être tout lu sur la question. Je veux essayer de parler autrement. Je ne veux pas discourir. Je laisse ça aux pétitionnaires.

Nous, Israéliens, venons d'expérimenter un meurtre de masse, un pogrom et un acte de purification ethnique. C'est drôle, cela n'est jamais dit. 1 400 personnes assassinées. Des bébés, des enfants, des femmes, des hommes, des vieillards. 8 heures, pendant 8 heures seulement. Voilà ce qui arrive lorsque Israël échoue à se défendre pendant 8 heures. Un pogrom. Ils ont violé, torturé, arraché les yeux, humilié, mutilé, brûlé, décapité, assassiné maison par maison. Village par village. Certains ont même appelé leurs parents pour s'en vanter.

Si on n'arrive pas à distinguer une campagne militaire de défense d'un pogrom et d'une tentative de génocide, nous n'avons aucune base pour une discussion quelle qu'elle soit, rationnelle ou sensible. Cette campagne militaire de défense a été anticipée, pré-organisée par le Hamas qui souhaite entraîner l'État d'Israël dans l'abîme : c'est une réussite.

La solitude d'Israël existe. La solitude des Israéliens existe. La solitude de l'Israélien en France (sans commune mesure avec les deux premières) existe. Aujourd'hui, la solitude du Juif réapparaît dans toute sa violence, surtout dans les milieux dits « intellectuels de gauche ». L'innocence des Israéliens existe aussi. Et pas que celle des enfants, des femmes et des vieillards.

Le soutien militaire et symbolique des démocraties occidentales à Israël – pour des raisons qui dépassent souvent le pays et sa raison d'être –, n'y change rien. Car tout autour, un autre soutien – militaire, humanitaire et symbolique – international et massif, jamais déployé pour aucun autre peuple au monde, certainement pas pour les Arméniens, les Yézidis, les Kurdes, les Tibétains et j'en passe, défend les Palestiniens dans leur « droit » et volonté de remettre en cause l'existence d'Israël. Israël est soutenu par les régimes Occidentaux et par les États-Unis tout particulièrement ; aux yeux de l'extrême gauche européenne et américaine désormais, cela suffit à exclure cet État de l'humanité. Quel autre État au monde, quel autre peuple au monde, se voit ainsi exclu de l'humanité parce que l'alliance occidentale soutient son droit à exister et à se défendre ?

À quoi mène la « contextualisation du terrorisme » et la hiérarchisation des victimes

Le sentiment de sidération quand on découvre telle ou telle déclaration d'Étienne Balibar ou de Frédéric Lordon – ce dernier philosophe capable de dire avec une désinvolture digne d'un micro-trottoir : « la France est totalitaire », ou encore qu'il ne faudra pas s'étonner « Quand la Némésis reviendra, car elle reviendra[2] ». Estomaqué par l'absence totale de nuance politique de ces termes, employé par un chercheur prétendant nommer les crises en cours. Le même Balibar ayant justifié par la « nécessaire contextualisation du terrorisme[3] » la mort de David Gritz en 2002, jeune philosophe français parti en Israël pour étudier la philosophie et mort dans un attentat du Hamas sur le mont Scopus.

Slavoj Žižek et Judith Butler s'empressent de dire : « Ce qui a eu lieu le 7 octobre est certes *injustifiable*, mais on peut le *comprendre* ». Disons-le sans détour : il faut en finir avec cette idée de la compréhension. Tout ne peut pas être déchiffré à travers la notion de « compréhension ». Comprendre l'autre : jusque dans la barbarie ? Jusque dans l'innommable ? Jusque dans le massacre intentionnel et minutieusement organisé d'innocents ?

---

2. Frédéric LORDON, « Catalyse totalitaire », 15 octobre 2023.
3. Lire à ce propos « Aveuglement », un article de Catherine Chalier dans *Le Monde* du 25 août 2002 – *Retour au texte.*

Cela revient à justifier tous ces crimes. La « compréhension de l'autre » aujourd'hui justifie, autorise la barbarie. Tout ce que ces « grands philosophes » trouvent à dire de la situation est la compréhension soi-disant non justifiante – mais qui l'est – de crimes injustifiables. L'éthique et la responsabilité dépendraient-elles systématiquement d'une forme de compréhension ?

L'éthique et la responsabilité ne dépendent-elles pas plutôt d'une forme d'incompréhension et d'injustifiable ? Ils déclarent en grande pompe l'injustifiable pour aussitôt tomber dans la compréhensibilité la plus schématisante du dominant-dominé, du bourreau et de la victime, du privilégié et de l'exclu. Belle manière de liquider ce qu'ils ont nommé à l'instant « l'injustifiable ». Belle manière de porter à la morale le coup le plus dur qu'elle n'ait jamais reçu. Quel extraordinaire retournement ! L'éthique, la morale, la responsabilité sont les premières victimes de l'idéologie post-colonialiste qu'elles ont suscitée. Maintenant que leur théorie menace de s'écrouler sous leurs pieds, il faut à tout prix justifier, sauver leur antisionisme et surtout sauver leur alliance objective avec des terroristes assoiffés de sang. Le 7 octobre marque l'écroulement de leur système, qu'ils tentent désespérément de sauver à coup de tribunes rageuses contre l'existence d'Israël et de concessions, voire d'éloges du Hamas assimilé à rien de moins qu'à un « mouvement de résistance ». Butler ira jusqu'à parler de *resistance fighters*. Le Hamas n'aurait pas rêvé d'une meilleure porte-parole dans le camp « démocratique ». Il s'avère que lorsque c'est le Juif-israélien qui souffre tout s'absorbe, s'enlise et s'emmure dans le même schéma. Lorsque c'est un Juif-israélien qui est victime, il n'y a jamais de rupture dans cette grille d'analyse. Tout est ressaisi dans le même schéma. Devant Israël, les théories post-coloniales révèlent leur invulnérabilité structurelle : elles sont intouchables. Depuis longtemps, ces théories ont inondé de leur simplisme excluant les campus des universités américaines. Mais manifestement, elles ne défendent pas toutes les minorités. Aujourd'hui, la haine s'affiche sans scrupule.

Une pétition massivement signée par le monde de l'art[4], parlant d'Israël comme phénomène colonial, a été publiée sans jamais mentionner les victimes israéliennes du 7 octobre. Je connais certains signataires. J'ai parlé de cette question avec d'autres. Leur culture historique de leur bien-aimé contexte, de la région frôle la nullité. J'insiste : dans ce qu'on appelle « le monde de l'art », de manière générale – et je sais que c'est problématique de devoir désigner ce groupe ainsi –, la culture politique est d'une indigence inégalée. Leur culture théologique est risible. Leur rapport à l'Orient arabe ou juif est fabriqué de fantasmes et de sentiment de culpabilité à géométrie variable. Leur conscience politique est purement rhétorique et se résume à un post-colonialisme désespérément simpliste et bancal. Il ne leur viendrait jamais à l'esprit que le contexte israélo-arabe et sioniste échappe à leur schéma. Que la relation du Juif à la terre d'Israël échappe à ce schéma.

Il s'avère par ailleurs que leur sensibilité à l'égard de la question juive est inexistante. Le Juif est toujours fort, riche, puissant allié de l'Occident qu'ils abhorrent. Il a le malheur de persévérer dans l'être, de vouloir se réinventer une existence politique dans sa terre ancestrale. Il n'est jamais vulnérable, jamais fragile, jamais exposé. Ces termes utilisés tous les jours, usés jusqu'à la corde, pour désigner n'importe quelle victime, pauvre, exclue, dominée, humiliée sont inutilisables pour des Juifs et surtout pour les Juifs israéliens.

Ces voix qui s'insurgent renvoient toutes à ce qu'ils nomment la « colonisation israélienne ». Si tout Israélien est un colon, alors tout est permis pour l'exterminer : il n'est plus « civil ». On

---

4. Tribune sur le site Artforum « *An open letter from the art community to cultural organizations* » publié le 19 octobre 2023.

reprend ici de part en part le vocabulaire du Hamas et de l'OLP. Ces voix ne renvoient jamais à la politique, à la complexité de la solution des deux États ou à l'horizon politique du conflit. Elles ne renvoient pas à la critique des gouvernements, aux lâchetés politiques de deux côtés. Leur objectif est de condamner d'avance un fait historique sur lequel personne ne peut aujourd'hui revenir. On n'entend jamais, dans la bouche de ceux qui appellent au « démantèlement de l'entité sioniste » de proposition politique concrète, applicable, réalisable en contexte *pour* Israël. À moins qu'ils considèrent que le démantèlement pur et simple soit une proposition ? Leur voix renvoie à la dite « colonisation » de la « Palestine ». La « Palestine » avant 1948 n'est jamais identifiée ; celle des Empires et du protectorat britannique jamais définie ; celle de 1967 jamais analysée. Sans ne rien dire de celle de l'époque antique et des siècles qui ont suivi. Le leadership politique, les responsabilités de l'OLP d'Arafat et du front du refus arabe jamais contextualisés. Pourquoi ne parle-t-on quasiment jamais du colonialisme arabe, de sa dimension dominatrice depuis l'apparition de l'islam et de sa propre non-reconnaissance de la Palestine ? Pourquoi ne parle-t-on jamais de la violence des constructions musulmanes sur les vestiges des lieux sacrés du judaïsme ? Sans ne rien dire de sa pure et simple négation de la présence des Juifs sur leur terre millénaire ?

Le Juif serait celui qui apparaîtrait *ex nihilo*, de nulle part, pour s'approprier ce qui ne lui appartiendrait pas. Les mêmes voix qui disent que dans l'absolu « la terre n'appartient pas », disent haut et fort que pour un seul peuple, le peuple palestinien, « elle appartient ». Toutes les voix qui disent que le nationalisme est toujours condamnable, excluant, raciste, justifient le nationalisme pour un seul peuple : les Palestiniens. Les Juifs en sont absolument exclus. Que ces voix m'épargnent le fantasme du Juif exilé, nomade, sans patrie, si commode pour eux. Je connais trop bien, ce discours d'Israël comme « anomalie », comme épisode de l'exil structurel du judaïsme. Je le trouve au moins aussi violent, aussi limité, sinon plus, que l'identitarisme juif. Je m'insurge contre ce schéma post-colonialiste qui devrait s'appliquer partout, y compris concernant le rapport du Juif à la terre d'Israël. Cette prise de position plonge l'Israélien libéral dans une situation intenable : qui peut souscrire au colonialisme et aux injustices inacceptables, intolérables de cette histoire occidentale ?

Qu'est-ce qu'une pensée qui pense selon un schéma déterminé d'avance ? Pouvons-nous pour une fois interroger la singularité inédite de l'histoire d'Israël et de la Palestine ? Ce qu'on attend des intellectuels est-il qu'ils répètent des schémas déjà constitués, qu'ils projettent sur une situation complexe et unique une grille de lecture pré-définie ? Israël est *aussi* un produit de l'époque post-coloniale et de l'émancipation des peuples : c'est-à-dire, en rupture avec une certaine histoire colonialiste occidentale. Les Juifs ont été des réfugiés qu'il faut appréhender comme tels quand on réfléchit à leur circulation et à leur déplacement dans l'Histoire. Faut-il rappeler qu'ils sont restés réfugiés, étrangers, exclus dans la plupart des pays où ils ont vécu, dans l'Europe de l'Est et les pays arabes, à quelques exceptions près ? En Europe occidentale, quand ils ont été intégrés, cela ne l'a été que pour un certain temps. Certains semblent penser que nous, Israéliens, sommes tous issus de pays « autres » qu'Israël, de la Pologne à l'Algérie ou la Tunisie. Pensent-ils que nous retournerons là-bas ? Que nous « appartenons » à ces pays ou que nous avons déjà appartenu à ces pays par le passé ? Que c'est aussi simple que cela ? Pensent-ils que tous ces pays qui ont vu traverser les Juifs du monde considéraient les Juifs comme des égaux ? Comme appartenant à leur pays ? Pensent-ils que le Juif a déjà été considéré comme Algérien ou Polonais ? N'était-il pas « le Juif » là-bas ?

L'émancipation des Juifs par le sionisme se fait à un moment d'effondrement du colonialisme – effondrement qui a pris du temps à se résoudre en décolonisation. Israël a été créé en opposition à une grande puissance coloniale qui est l'Angleterre, et avec l'aval de la communauté internationale. Faut-il ajouter ici que l'Europe ne nous a pas fait de cadeau. Israël n'est pas un « don », ni une « offrande » après la Shoah. Le sionisme a des fondements très profonds dans le judaïsme. Il est né « à nouveau » bien avant la Shoah – et pour cause. Le sionisme ne s'explique donc pas par le discours colonial. Et en tant qu'Israélien et sioniste, je me bats depuis toujours contre certains phénomènes coloniaux israéliens issus du contexte politique israélien. Faut-il le rappeler, il existe plusieurs sionismes. Il y a des phénomènes coloniaux évidents en Israël mais Israël ne peut pas être réduit à cela.

Les Israéliens du camp libéral – de gauche – que je fréquente, avec lesquels je travaille, ont toujours refusé la parole de leurs aînés qui disaient « Le monde entier est antisémite ». Aujourd'hui, ces mêmes Israéliens découvrent avec angoisse et tremblement que ceux qui étaient supposément les plus proches d'eux, leurs alliés « humanistes », « progressistes », avec lesquels ils partageaient les combats pour le droit des minorités, les combats pour le droit des plus faibles, les combats pour la distinction entre les individus et les gouvernements, entre les humains et les appartenances religieuses et identitaires, ceux-là se dressent contre les droits de tous les Israéliens à vivre sur leur terre ancestrale. D'avoir un abri dans ce monde qui leur a été particulièrement hostile – devrait-on dire le plus hostile de l'histoire[5] ? Cela constitue pour eux un traumatisme de plus.

Force est de reconnaître que le fait juif provoque encore des réactions irrationnelles, une opposition épidermique et pas

5. Je ne dis pas évidemment ici que d'autres peuples – parmi lesquels les Palestiniens – ne souffrent pas ou n'ont pas souffert.

seulement des Français issus de l'immigration qui se sentent solidaires des Palestiniens (et c'est évidemment leur droit ; je le respecte, je le comprends, je le partage).

Comment en est-on arrivé là ? Comment une partie de l'opinion internationale la plus « progressiste » est-elle arrivée à penser qu'Israël constitue un danger pour le monde ? Comment est-elle arrivée à parler à tort et à travers d'une question qu'elle connaît si mal en mettant en danger les Israéliens et ceux qui leur sont solidaires dans le monde – une partie importante du peuple juif –, de la manière la plus irresponsable qui soit ? Sans aucun doute par une diabolisation, par une progressive déshumanisation d'Israël et des Israéliens. Notons que cette déshumanisation ne touche pas de manière aussi systématique les groupes terroristes qui disent représenter le peuple palestinien – et qui lui font clairement le plus grand tort –, qui commettent des pogroms, depuis bien avant la naissance d'Israël.

En outre, maintenant, dans ces milieux, on nous dit : « Regardez qui vous soutient ! l'extrême droite ». Israël n'aurait-il pas le droit de vivre sans l'aval de l'extrême droite européenne ? Américaine ? Nous pensez-vous si naïfs au point de ne pas voir à quel point nous sommes instrumentalisés par l'extrême droite et par les évangélistes américains ou autres ? Il existe un Israël qui a le droit de vivre au-delà ce soutien, sans ce soutien, contre ce soutien.

Encore un mot sur le *sionisme.* Le terme et l'idéologie les plus malmenés, les plus détournés de notre temps. Depuis longtemps déjà, ces termes sont nazifiés. Pouvez-vous vous imaginer cette situation où, tous les jours, de jeunes Français, Australiens, Argentins, Américains, m'expliquent – à moi, Israélien largement politisé, particulièrement critique du gouvernement actuel, très impliqué dans la contestation qui a mobilisé toute ma vie depuis un an – Israël, que je suis un colon, que mon pays n'a pas le droit d'exister et n'existe que par l'usurpation et l'injustice.

Moi qui suis plus que critique de Netanyahou, que je considère comme le fossoyeur et le plus grand destructeur du projet sioniste, comme celui qui a divisé comme jamais auparavant la société israélienne et qui a affaibli l'armée ; moi qui suis terrifié par le sionisme religieux ravageur de l'idéal émancipateur du sionisme, ayant détourné le judaïsme, je suis abasourdi par ces voix qui viennent me faire la leçon. M'expliquer ce qu'est le sionisme, ce qu'il faut penser de la politique d'Israël et des « origines corrompues » de sa fondation.

Notre avenir dépend des deux peuples, israélien et palestinien. Nous, Israéliens, savons ce que c'est que d'expérimenter l'effroi et la perte. Je pleure les innocents palestiniens, je pleure les Gazaouis sous les bombes. Nous, les Israéliens – contrairement aux signataires occidentaux des pétitions en tout genre contre Israël – savons dans notre chair ce qu'est mourir dans et par la plus grande terreur, les massacres aveugles, l'absence totale d'issue et d'interlocuteur. Vous nous dites maintenant qu'il faut éviter les morts, les victimes palestiniennes. Qui veut les morts ? Qui veut que d'innocents Gazaouis meurent ? Les Israéliens qui veulent que les Palestiniens soient expulsés et qui les persécutent tous les jours, je les abhorre.

Nous sommes nombreux à lutter contre leurs actes inacceptables, à vouloir qu'ils cessent et qu'ils soient jugés. Dans cette perspective, nous avons besoin de la gauche et du camp libéral pour lutter à nos côtés afin de rendre à ces Palestiniens usurpés ce qui leur est dû. Le sentiment d'abandon par la gauche mondiale que nous, Israéliens du camp libéral, ressentons aujourd'hui par rapport à cet objectif de paix et de justice rendue, est désormais gravé dans nos consciences. Ce n'est pas un débat universitaire de plus.

L'égo des intellectuels et des artistes occidentaux, de l'intelligentsia de gauche qui se dresse contre le droit d'Israël à se défendre et à exister, nous tue : il contribue à la menace de mort de Juifs innocents dans le monde. Il autorise la parole qui tue. Et ce slogan répété par la gauche mondiale « La Palestine sera bâtie de la mer au Jourdain » : en comprennent-ils la portée pour les Juifs israéliens ? Comprennent-ils ce que cela signifie comme catastrophe humanitaire ? N'y a-t-il pas d'autres solutions pour que les deux peuples coexistent dans la paix ? La gauche occidentale qui soutient les Palestiniens du Hamas, et par voie de conséquence le régime iranien et autres suiveurs dictatoriaux, ne connaît-elle pas les provocations infinies du Hamas ? Ne sait-elle pas que cette organisation n'a pas pour objectif la paix mais la destruction d'Israël ? En sortant de Gaza en 2005, Israël a voulu donner de l'espace aux Gazaouis ; c'était le début d'un processus. Qu'en reste-t-il aujourd'hui, au grand désespoir de ceux qui soutenaient et croyaient en ce processus ? En faisant l'amalgame entre le Hamas et les Palestiniens, cette gauche se rend-elle compte qu'elle détruit le combat palestinien ?

Entre deux folies, deux cauchemars : l'extrême gauche et l'extrême droite apocalyptique (juive et chrétienne). Ces deux extrêmes ont aujourd'hui ce qu'ils ont toujours voulu et fantasmé : Gog et Magog idéologique pour les uns, Gog et Magog théologique pour les autres. Israéliens et Palestiniens : deux traumatismes qui se rencontrent et qui méritent mieux que ces théories belliqueuses.

Aujourd'hui, nous devons mieux organiser la séparation entre les deux peuples qui doivent pouvoir vivre chacun sur cette terre si controversée. Notre responsabilité est engagée à l'égard des victimes du 7 octobre et de leur mémoire. Notre responsabilité est engagée à l'égard de ceux qui doivent reconstruire leurs vies avec leurs morts et leur immense douleur incicatrisable, Israéliens et Palestiniens. Elle s'engage à l'égard de ceux qui vont naître demain et qui vont devoir vivre dans ces deux pays ravagés, aux mémoires traumatisées à jamais. La réconciliation ne m'intéresse pas car, au-delà de cette perspective sentimentale et politiquement vide, la responsabilité comme engagement éthique et politique permet de son côté, peut-être, de continuer malgré tout.

Raphael Zagury-Orly
Enseignant de philosophie à l'Institut catholique de Paris
Directeur de Programme,
Collège International de Philosophie (Paris),
Membre Fondateur des Rencontres Philosophiques de Monaco

Deux immenses solitudes

Antoine Strobel-Dahan

La brisure depuis le 7 octobre est abyssale dans mon entourage[1]. Même les moins attachés à Israël des Juifs que je fréquente ont été déchirés par le pogrom commis par le Hamas en Israël, et par ces dizaines d'otages dont l'idée même nous foudroie. Pour ceux qui ont un lien plus viscéral avec le pays, dont je suis, quelque chose s'est arraché à eux, entraînant d'autres déchirures, émotionnelles, intellectuelles, cognitives, morales. Nous en avons largement parlé dans *Tenoua*, tout en nous astreignant à « penser malgré tout[2] ».

Les derniers jours, j'ai lu plusieurs témoignages qui parlent de ça. « *On se renferme sur nous-mêmes. On ne peut plus sortir et rire* », dit l'un. « *Je ne m'attendais pas à un tel abandon. Nos bébés et nos enfants ne comptent pas ?* », demande l'autre. « *Vous devriez voir la tête de ma psy. Je ne suis plus le même. Rien n'est plus pareil* », raconte encore celui-ci. Nous avons tous entendu ces phrases, ou les avons pensées depuis l'automne. Et pourtant, ces trois-là viennent d'un article[3] paru dans *Libération* la semaine dernière dans lequel témoignent des Palestiniens vivant en France.

1. Texte publié sur le site de *Tenoua* le 3 janvier 2024.
2. Voir le numéro 194 de *Tenoua*, « 7/10/2023 – Penser malgré tout », décembre 2023.
3. Témoignages – Palestiniens en France : « Je ne m'attendais pas à un tel abandon », par Rachid Laïreche et Clémence Mary, *Libération*, 27 décembre.

La symétrie, l'identité des propos est si singulière qu'elle a saisi l'ethnologue que je suis resté depuis mes études et qui s'intéresse au ressenti autant qu'aux faits, qui considère le ressenti *comme un fait* permettant de contribuer à lire le monde. Comment se fait-il, me suis-je demandé, que sans les prénoms, il soit impossible de savoir qui parle, *depuis quel côté* ?

Il n'est évidemment pas ici question des gens qui, en ce moment, vivent sous les bombes ou menacés de famine ou de maladie à Gaza, ni de ceux qui vivent entre deux abris en Israël en attendant la prochaine roquette, le prochain missile, le prochain drone, le prochain attentat ou le prochain coup de fil mortifère à propos de leurs enfants réservistes ou otages. On parle ici de tous ces autres, dont nous sommes, traumatisés de loin et qui vivent manifestement sur ce volet une expérience similaire, celle d'une immense solitude.

Combien de Juifs en France ou en Amérique ont ressenti cette incompréhension absolue en entendant des Palestiniens ou leurs soutiens se plaindre que tout le monde oubliait les Palestiniens, qu'on ne parlait que des Juifs ou des Israéliens, quand nous avions exactement le sentiment inverse, l'impression que toutes les opinions publiques prenaient fait et cause pour les Palestiniens voire pour le Hamas et dénigraient Israël et ses habitants ?

Dans le podcast « Weekly » de *Haaretz du 27 décembre 2023*, la journaliste arabe israélienne Sheren Falah Saab, qui couvre le conflit côté gazaoui (sans toutefois pouvoir être sur place), qui a perdu des proches des deux côtés, parle de la difficulté d'être une Arabe qui écrit en hébreu pour des lecteurs israéliens dans un pays dans lequel « parler des morts à Gaza est tabou ». Dans son discours, on sent bien que côté gazaoui non plus, l'heure n'est pas à s'interroger et encore moins à compatir avec les morts israéliens. Pourquoi ? parce que, remarque-t-elle, de part et d'autre, on répugne à imaginer qu'il existe des innocents de l'autre côté.

Que, sur place, le silence et l'enfermement soient de mise, cela s'entend. Mais comment expliquer que chez nous se côtoient des chambres stériles, farouchement imperméables les unes aux autres, qui revendiquent et dénoncent la même chose en même temps, l'une contre l'autre ? Après les attaques du 7 octobre, on a entendu beaucoup de Juifs, dans nos colonnes notamment, dénoncer l'odieux silence qui nous entourait, le mutisme de ceux que nous croyions jusqu'alors nos amis et qui désormais murmuraient sur notre passage ou se taisaient. Et dans la bouche de Zineb dans *Libération*, je lis : *« Tout est différent ces dernières semaines, il y a une gêne. (…) Des silences et des chuchotements. Ils sont rares ceux qui osent évoquer le sujet avec moi. Ils ont peur de quoi ? »* J'aurais pu dire ces mots depuis le 7 octobre, beaucoup de mes amis et collègues juifs auraient pu les dire, mais c'est Zineb, médecin née à Gaza et vivant en France depuis l'enfance, qui les porte, pour parler de sa situation à elle.

Cette symétrie si frappante interroge : que s'est-il passé avec la découverte des horreurs et de l'ampleur du 7 octobre dans la tête des Juifs, malgré le soutien sans équivoque de tant de nations, malgré les messages de solidarité, pour qu'ils se sentent si seuls, pour qu'ils se sentent si démunis, pour qu'ils aient le sentiment que nul autre ne pouvait comprendre ? Que se passe-t-il dans la tête des Palestiniens de la diaspora depuis l'offensive israélienne à Gaza, pour qu'ils aient ce sentiment, malgré les innombrables marches, les alliances les plus inattendues, les résolutions de l'ONU, pour qu'ils ressentent un tel abandon, comme si le monde préférait ne pas les voir ?

Comment peut-on à la fois demander à reconnaître l'absolue singularité de *notre* événement et demander par ailleurs que l'événement *de l'autre* soit contextualisé ? Simplement parce qu'il est impossible de ne pas faire les deux. On ne peut pas lire le 7 octobre sans comprendre ce qu'est l'histoire de Gaza depuis des années (et pas uniquement du fait des Israéliens, au demeurant), *et* on ne peut pas non plus feindre d'ignorer que le 7 octobre constitue en soi un événement carnassier unique et terrible, de ceux qui écrivent l'Histoire par leur inédit, ignoble, forcément. L'assaut contre Gaza, lui, s'inscrit dans une réponse légitime aux atrocités du 7 octobre *et* écrit en même temps une singularité meurtrière atroce et inouïe menée précisément par le même gouvernement d'extrême droite que nous combattions jusqu'au 6 octobre.

Je ne suis pas psy mais journaliste et ethnologue, je ne peux pas expliquer ce qui se passe dans la tête des gens, juste constater leur ressenti et le considérer légitime *a priori*.

Le pogrom du 7 octobre, les otages (plus d'une centaine, dont des enfants, sont toujours, morts ou vivants, aux mains de leurs geôliers), ce qu'on a qualifié, à juste titre, de pire massacre de Juifs depuis la Shoah et qui, en plus, a été commis sur le sol de l'État des Juifs, bien sûr que cela sidère, qu'il ne peut y avoir aucune réaction satisfaisante de l'autre (sauf peut-être s'il est plus royaliste que le roi), bien sûr que c'est une épreuve si singulière qu'on se retrouve seul face à elle, sans repère.

Le pire tapis de bombes de l'histoire de Gaza, la destruction de milliers de bâtiments engloutis avec ceux qui se trouvaient là, la famine, l'absence d'eau potable, de soins, les combats urbains dans le tissu dense de Gaza, les milliers d'enfants morts à Gaza, les dizaines de milliers de blessés et de mutilés, les épidémies qui sournoisent, l'absence totale de *safe zone* même pour les familles, bien sûr que cela pétrifie, qu'il ne peut y avoir aucune réaction satisfaisante, que c'est une épreuve si singulière qu'on se retrouve seul face à elle, sans repère.

Ce à quoi nous assistons, c'est à deux immenses solitudes. Et ne nous trompons pas, être soutenu côté juif par l'extrême droite islamophobe et côté palestinien par les sociopathes et les antisémites les plus variés n'amoindrit en rien ces solitudes, cela les creuse encore.

Le 7 octobre d'abord, à Gaza depuis, du moins pour ceux qui vivent sur place, a été atteint le point de l'impardonnable, de l'irréparable, de l'irréconciliable. Alors que reste-t-il quand on ne peut plus réparer ? Mener la guerre jusqu'au bout, jusqu'à ce qu'un des deux disparaisse ? C'est ce dont rêvent le Hamas, le Jihad islamique, le Hezbollah, les Houtis, et aussi l'extrême droite messianiste israélienne. Mais cela n'arrivera pas, parce que ça n'arrive jamais.

Ailleurs dans l'histoire du monde, il y a eu des moments où une telle solitude s'est saisie de populations. Et pourtant ces pays existent toujours, dans des paix imparfaites mais ambitieuses, souvent grâce à des commissions de vérité et de réconciliation, des lieux dans lesquels chacun, qu'il soit perçu comme coupable ou comme victime – et sans jamais dédouaner les meurtriers –, peut être entendu, peut expliquer, obtenir reconnaissance ou reconnaître et, du moins symboliquement, être réparé ou réparer. Cela s'est passé ou se passe au Burundi, en Afrique du Sud, au Canada, au Pérou, cela est appelé à advenir en Irlande du Nord, au Chili, en Australie. Quand Nelson Rolihlahla Mandela a entrepris de créer une instance de justice réparatrice en Afrique du Sud, il n'était même pas encore sorti de prison. En négociation avec le gouvernement d'apartheid de Frederik de Klerk, il venait de comprendre que les Blancs afrikaners non plus n'avaient pas d'autre lieu où aller et qu'il faudrait bien vivre sinon ensemble, du moins avec.

J'ignore si on verra un jour une modalité de justice réparatrice en Israël et en Palestine. Je n'ai aucun doute qu'il est trop tôt, pour chacun, pour même imaginer ceci. Je me sens seul, très seul, et j'observe la solitude symétrique de la diaspora palestinienne. Peut-être est-ce sur cela que nous nous trouverons un jour : une volonté, pour dépasser nos immenses solitudes, de nous approcher en parlant, en disant notre chagrin, notre colère, notre blessure purulente, en témoignant, en écoutant, en acceptant nos histoires, nos narratifs, nos altérités, nos irréconciliables et, aussi, notre inévitable communauté.

ANTOINE STROBEL-DAHAN
Rédacteur en chef de *Tenoua*

DEUXIÈME PARTIE

RÉFLEXIONS FAITES

Cinq mois après, vu d'ici

Paul Audi

À l'heure où j'écris ces lignes, cinq mois se sont écoulés depuis le monstrueux pogrom du 7 octobre 2023 perpétré par des milliers de combattants du Hamas dans le sud d'Israël. La guerre fait rage dans la bande de Gaza, les destructions sont massives et les combats pourraient bientôt s'intensifier dans le nord d'Israël. Jusqu'à présent, dans ce déluge de feu où règne la confusion, une seule chose paraît certaine : *Vous ne pouvez pas vous abstenir de faire la guerre à ceux qui vous la déclarent sous prétexte qu'ils ne veulent pas que vous existiez ; ne pas vous défendre n'aurait pas d'autre conséquence pour vous que votre propre disparition.* Ne pas riposter n'est donc pas une option. Certes, d'un point de vue humanitaire, une « trêve » semble indispensable, vu les dizaines de milliers de morts gazaouis ; du risque de famine ; d'une distribution des denrées vitales devenue aussi ingérable que les conditions de vie des réfugiés sont précaires ; des gangs qui prolifèrent ; des miliciens qui, en s'abritant encore et toujours dans les sous-sols des hôpitaux, aspirent à des combats acharnés... Après Joe Biden, qui soutient Israël dans son autodéfense, mais qui a récemment déclaré que Benyamin Netanyahou « fait plus de mal que de bien à Israël », c'est au tour de Chuck Schumer, le chef de la majorité démocrate au Sénat américain, lui-même membre éminent de la communauté juive américaine, de déclarer : « Une coalition dirigée par Netanyahou ne répond plus aux besoins d'Israël après le 7 octobre ». De telles déclarations témoignent du fait que les démocrates américains, en campagne, n'ont cure de contrecarrer l'opinion publique israélienne qui, selon un récent sondage paru dans *Israël Hayom*, estime (à 81,5 %) que « des pressions *militaires* doivent être exercées sur le Hamas pour qu'il accepte des conditions acceptables pour la libération des personnes enlevées ». S'il est peu probable que ces positions les aideront à remporter l'élection présidentielle, elles ont déjà pour effet d'enhardir les adversaires d'Israël.

Pareille situation nous amène à nous poser de nombreuses questions. Notamment celles-ci : peut-on imaginer que le Hamas cède au prix de la non-capitulation de son adversaire ? Pourquoi ne décide-t-il pas de rendre les otages, à la fois pour montrer à son peuple qu'il est de son côté et qu'il se soucie de lui, et pour priver Israël des raisons de rester à Gaza ? Alors, à qui profite la prolongation de la guerre ? Certainement pas à l'État d'Israël, pour qui chaque vie individuelle est infiniment précieuse. En revanche, il est stipulé (article 8 de la charte du Hamas) que « le jihad est le chemin » et qu'« il n'y a pas plus grand souhait que la mort pour l'amour d'Allah ». D'ailleurs, ce parti militaro-religieux, dirigé par des Frères musulmans furieux et fanatiques, ne cesse d'imposer des conditions irréalistes à la libération des otages, ce qui en dit long sur ses intentions. À cet égard, le Hamas vient de féliciter la Chine et la Russie pour avoir mis leur véto à une résolution présentée devant le Conseil de sécurité de l'ONU par les États-Unis, proposant un cessez-le-feu immédiat en échange de la libération totale des otages. Ainsi les choses sont claires : si la branche militaire du Hamas a une chance de survivre – mais pour combien de temps ? –, c'est grâce à ces otages, dont il ne se séparera pas de sitôt, les Palestiniens de Gaza dussent-ils tous en mourir.

C'est dans ce contexte, où l'opinion publique a clairement abandonné l'agressé pour voler au secours de l'agresseur, que le

6 mars 2024, le journal *Libération* a publié un appel au cessez-le-feu lancé par le collectif Tikkoun Olam, signé par – je cite – « des Juifs de la diaspora ». Pourquoi les auteurs de la pétition se sont-ils appelés ainsi ? Qu'est-ce que cette *différenciation* est censée apporter à leur appel ? A-t-elle un sens dans les circonstances actuelles ? Face au danger considérable de l'antisémitisme, face à la guerre existentielle que mène l'État d'Israël, un Juif non israélien peut-il se sentir différent d'un Juif israélien plongé dans la tourmente d'une guerre dont il se serait bien passé ? Sa solidarité avec le peuple israélien, d'autant plus essentielle qu'elle n'a rien à voir avec le soutien accordé à une politique particulière, ne devrait-elle pas le dissuader d'utiliser une étiquette *différenciatrice* ? Lorsque vous êtes exposé à l'antisémitisme, et même si vous entendez plaider de l'extérieur, et sans autre droit que celui que vous confère votre « bonne conscience », pour un cessez-le-feu immédiat à Gaza, ne devriez-vous pas prendre position en tant que Juif, un point c'est tout, en parlant d'une voix qui refuse de se draper dans son étole diasporique ?

Cela dit, on peut être sensible aux premiers mots utilisés par les pétitionnaires, à savoir : « Nous nous sommes sentis démunis face à la faille empathique majeure qui a empêché certains, y compris dans une partie de la gauche et y compris dans les mouvements féministes, de nommer simplement ces actes barbares et terroristes ; de dénoncer pour ce qu'ils étaient ces carnages équivalents à 50 “Bataclan” pour Israël. Et nous avons été stupéfaits par leur tentative immédiate de les minimiser et d'inverser la responsabilité morale avec un “Oui, mais” qui sonnait comme une justification insidieuse, avec l'idée sous-jacente qu'une victime israélienne n'est jamais vraiment innocente. Mais c'est précisément parce que nous avons été profondément meurtris par ce “Oui, mais” qu'il n'y aura pas de “Oui, mais” dans notre dénonciation de la violence aveugle infligée à la population gazaouie. »

Ce préambule a toutefois été conçu pour déboucher sur un appel à l'arrêt unilatéral des combats sans contrepartie exigée, suivi de l'affirmation péremptoire que les autorités israéliennes, puisqu'elles n'en auront jamais fini avec le Hamas, devraient se retirer immédiatement de la bande de Gaza et négocier le retour des otages aux conditions imposées par les ravisseurs. Or, c'est là que le bât blesse : car dès que la question des négociations est évoquée, on saute de la sphère morale à la sphère politique, c'est-à-dire que l'on passe des bons sentiments à la réalité rugueuse à étreindre. Au point que la question se transforme : qui détient actuellement les clés du rapport de forces ? Israël ou le Hamas ? Les parties prenantes ou les médiateurs ? Même les adversaires de Netanyahou, de plus en plus nombreux à ce qu'on nous dit, ont du mal à prendre une position contraire à la sienne... Beaucoup pensent que le cessez-le-feu, en plus de ne rien changer à la situation des réfugiés, permettra au Hamas, sinon de pavoiser, du moins de reprendre des forces. On nous dit également que le Hamas est assuré non pas de remporter la victoire finale, mais de survivre indéfiniment. Or, comment est-ce possible quand on sait qu'aucun gouvernement arabe ne soutient ce mouvement, qu'aucun d'entre eux, pas même le Qatar, ne souhaite voir les Frères musulmans renforcés par une victoire contre Israël ? Ne finiront-ils pas eux aussi par combattre cette idéologie mortifère lorsqu'ils se sentiront menacés par elle ? Pensons au précédent égyptien, lorsque Morsi est arrivé au pouvoir. Pensons à l'Arabie saoudite, qui est farouchement hostile à l'idéologie fliving fériste et lui interdit l'accès à son territoire (là où, soit dit en passant, le simple port d'une kippa par un Juif, même s'il est un invité officiel du gouvernement saoudien, est jugé « offensant »). On peut imaginer que les dirigeants arabes, qui depuis des mois préfèrent regarder ailleurs, espèrent sans le montrer (ce serait trop dangereux) que Tsahal les débarrassera de ces alliés temporaires de l'Iran. Seul le Hezbollah pro-iranien continue de lancer des salves de roquettes tous les deux jours pour être sûr d'être sur la photo quand le Hamas exultera d'avoir imposé ses conditions à Israël pour libérer les otages.

Néanmoins, l'appel, qui parle, comme on l'a vu, de responsabilité morale et de faille empathique, soulève une question sérieuse : celle de la compassion pour les victimes *en temps de guerre*. C'est que la guerre, même si elle peut être considérée comme la continuation de la politique par d'autres moyens, ne manque jamais, par ses effets dévastateurs, de désarticuler le rapport entre morale et politique que les régimes démocratiques cherchent toujours à faire respecter au moyen des règles de droit qu'ils édictent. La guerre dénoue leur éventuelle conciliation (qui de toute façon ne peut être que provisoire, c'est-à-dire qui est à rétablir constamment), ce qui n'est pas sans mettre à l'épreuve le rôle que la vertu d'humanité joue dans notre rapport au monde. La guerre ouvre la porte à toutes sortes d'apories morales. Certes, nul ne saurait ignorer que la désarticulation de la morale et de la politique, suscitée par l'engagement armé, peut être scandaleuse et, donc, terriblement choquante. Mais regardons les choses en face. Lorsque nous disons : « À la guerre comme à la guerre », ou « La guerre, c'est la guerre », que disons-nous ? Sous ces soupirs tautologiques se cache l'aveu d'une disjonction. Une disjonction *qu'il faut savoir assumer*, malgré le coût en vies humaines, malgré le prix que cela peut coûter à sa conscience, et malgré le respect des « lois de la guerre » par lequel on tente chaque fois de la réduire.

Ainsi, tous ceux qui voient la morale reculer devant les actes délictueux, litigieux, scandaleux et meurtriers d'une politique de la force, se retrouvent face au même dilemme, à savoir que la morale a ses raisons que la politique et le droit ignorent superbement. La guerre, qu'elle soit juste ou injuste, gigantesque ou minuscule, ne parviendra jamais à éloigner le spectre de la « disproportion » des actions engagées et de l'immoralité qui s'y rattache. En toutes circonstances, elle creuse le fossé entre le champ de la morale et celui de la politique, lequel peut devenir un véritable *no man's land* – au sens où c'est l'humanité même de l'homme qui pourrait s'y perdre. En tout état de cause, lorsque la morale vise à l'absolu et la politique à la radicalité, la guerre met en évidence leur hiatus, voire l'impossible chevauchement de leurs domaines respectifs. La ligne de partage, ou la jauge de l'écart, est toujours *la décision de tuer*. Il se peut (je pense aux analyses de Marc Crépon) que cette ligne de démarcation soit même tracée par notre consentement, ou notre intolérance, à son égard. Car le meurtre est une chose que la loi morale réprouve absolument, alors que la politique, par le biais du droit, l'autorise et le justifie dans certains cas et pour plus d'une raison, à commencer par la légitime défense. Il n'en demeure pas moins que la vie humaine ne peut échapper à ses dimensions sociales et politiques, et qu'elle voudra en conséquence toujours se situer *à l'intersection* des deux sphères, même si elle se rend compte – surtout dans les moments de violence extrême, comme la guerre en produit inévitablement – que cette intersection n'est elle-même concevable qu'à l'horizon de son *impossibilité*. Comme toute guerre, celle qu'Israël, à contrecœur et à son corps défendant, mène aujourd'hui contre son ennemi génocidaire, le Hamas, ne cesse de nous le rappeler cruellement.

Il semble que de nombreux Juifs, en Israël et dans le monde, pensent qu'en s'opposant ouvertement à la contre-attaque de Tsahal, et surtout au gouvernement qui l'a décidée, ils atténueront la virulence de l'antisémitisme qu'ils voient se répandre douloureusement aux quatre coins de la planète. Il y a là une naïveté, mais elle est compréhensible. Se pourrait-il que cette condamnation publique ou privée de la politique d'Israël, ajoutée à celle de millions de non-Juifs dont on peut supposer qu'ils se réjouiraient de la disparition d'Israël, ne soit que l'expression de l'angoisse qu'ils éprouvent à voir leur identité juive à ce point mise à mal ? Israël se bat pour sa vie, et nul ne peut savoir à ce stade si un arrêt des combats ne serait pas bien plus dommageable que les condamnations morales qu'il subit et qui le plongent dans une grande solitude.

Paul Audi
Philosophe

La désillusion d'octobre

DENIS CHARBIT

La journée a commencé comme une promesse, celle d'un temps de fête, mais le jaune du soleil a viré au noir de leurs drapeaux et au rouge sang d'une tempe ou d'un cœur transpercé par leurs balles. 1 291 martyrs et 240 otages n'ont pas vu la fin du jour, fauchés d'un coup ou confrontés à la mort lente, mais la mort en face a pris, pour chacun d'eux, les traits de leurs assassins et de leurs geôliers. Depuis le 7 octobre, leur disparition hante nos nuits et nos jours. Parce que nous avons échappé à ce cercle de l'enfer dessiné sur la terre, nous nous sommes juré de graver cette date dans nos mémoires : « Si je t'oublie, ô 7 octobre, que ma droite se dessèche, que ma langue s'attache à mon palais ».

Nous avons été submergés par l'émotion, saisis d'effroi, sidérés. Le mot est revenu en boucle pour témoigner de la stupeur et de cette vérité que l'on préfère refouler : un être humain est bel et bien capable du pire, capable de se dépouiller du don de la tendresse humaine pour pulvériser une tête, un corps, un visage, à bout portant.

Car rien n'a résisté à leur pulsion de mort, rien n'a entravé leur jouissance. Ils ont violé, torturé, égorgé, brûlé vif, abattu leurs cibles de sang-froid, livré leurs otages à l'enthousiasme éructant de la foule. Ils ont filmé leur épopée macabre, de surcroît. Ni Allah ni son Prophète, ni un quelconque surmoi pas plus que la candeur d'un enfant n'a arrêté leur bras. « L'enveloppe de

Gaza » fut la Sodome et Gomorrhe d'une violence déchaînée. Un seul de cette meute a renoncé à abattre une jeune mère qui l'implorait de lui laisser la vie sauve pour que ses deux bébés qu'elle élevait seule ne soient pas orphelins à leur âge. Un seul.

Pour tempérer l'état de choc, pour reprendre quelque confiance, nous avons de tous attendu un geste, espéré un mot, guetté un signe d'empathie. Elle ne fut pas unanime et elle fut de courte durée, ajoutant au scandale de la violence perpétrée celui de la complicité froidement assumée ou de l'indifférence. Comme on cache une tache qu'on ne saurait voir, les atrocités ont été aussitôt recouvertes de prétextes et d'excuses, ensevelies sous une avalanche de causes et de facteurs : c'est la faute d'Israël, la rançon des accords d'Abraham, la lâcheté de l'Europe et de la communauté internationale ; c'est l'incurie d'une armée défaillante, la vanité et l'incompétence d'un gouvernement improbable, le prix de la colonisation infâmante (ce qu'elle est effectivement), le coût d'un blocus arbitraire. Il y a du vrai dans tout cela, propre à justifier un examen de conscience authentique. Un mot a été jeté en pâture et dont s'est repu un grand nombre : le contexte. De quoi est-il le nom ce contexte sinon d'Israël ?

La décence et la pudeur auraient dû clore les lèvres de ces beaux parleurs, de ces diplomates, de ces experts, de ces anciens ministres suffisants, arrogants et donneurs de leçons. Face au désastre qu'ils étaient priés de commenter, que ne se sont-ils enlisés dans leurs mots, embourbés dans leurs phrases ? On eût tant aimé les entendre hésiter et même bégayer. Si seulement ils avaient pu comprendre qu'observer le silence est encore la meilleure façon de se recueillir devant l'extrême et l'indicible. Comme les compagnons de Job, ils furent incapables de consoler ses émules du 7 octobre qui avaient tout perdu. Croyant bien faire, ces bavards ont mal fait, ont fait mal, ont participé du mal. Leurs mots étaient faux. Leur voix ne sonnait pas juste, elle était insulte.

Je devine cependant l'origine profonde de leur égarement : la foi candide en la bonté humaine. Étrange paradoxe que ces esprits bienveillants qui, désemparés devant le mal, se figurent qu'il ne peut pas ne pas y avoir une explication rationnelle, sinon une justification – la différence entre les deux étant que la première requiert la neutralité, mais n'exclut pas l'indignation, tandis que la seconde laisse poindre tacitement une compréhension de l'acte violent perpétré, sinon un soutien explicite. Et donc, si l'homme est bon par nature, c'est *ipso facto* que le mal est social et surtout politique, dès lors convertible en bien si seulement les circonstances avaient été autres. L'auteur d'un crime a peut-être des raisons que la réprobation empêche d'entendre.

À quoi tient cette indulgence ? À quoi attribuer cette compréhension du mal ? La réponse, à la fois la plus inquiétante mais aussi la plus confortable, c'est d'identifier chez le locuteur un antisémitisme latent ou explicite : inquiétante, parce que cela implique que ce discours n'a pas disparu ; confortable, car on aurait compté sur une solidarité unanime sinon universelle de la part du monde si on avait imputé la violence faite aux Israéliens le 7 octobre à leur essence malfaisante ou à leur projet de domination du monde. La tâche d'Israël eût été plus simple si les leaders du Hamas s'exprimaient plus souvent : leur discours est une logorrhée antisémite nauséabonde et répugnante, teintée d'appels à l'insurrection.

Mais si ce n'est pas d'un antisémitisme grossier que procède la justification de la violence, quel motif à la justification et à l'excuse ? Pourquoi cette propension à acquitter aussitôt les auteurs et à rejeter la culpabilité sur les victimes et sur l'entité qui les représente collectivement, laquelle est autant l'État d'Israël que son gouvernement actuel ? C'est que cette violence démesurée n'est pas venue du plus fort. Imaginez un 7 octobre à l'envers : les hordes de Ben Gvir se rendent dans des villages palestiniens, en Israël ou en Cisjordanie, et commettent un carnage identique. (On peut émettre l'hypothèse qu'elles n'auraient pas pris d'otages). La réprobation eût été entendue d'un bout à l'autre de la terre, à commencer par Israël même. J'imagine leurs acolytes crier au « double standard ». Pourquoi la réprobation n'aurait-elle pas été analogue ? Pourquoi nul ou presque ne se serait porté candidat pour expliquer, pour excuser. La réponse va de soi : on ne juge pas à la même aune l'occupant et l'occupé, le fort et le faible, celui qui a tout et celui qui n'a rien. Or, les Juifs ont leur État, les Palestiniens n'en ont pas ; réparation a été faite aux Juifs, les Palestiniens l'attendent encore. Les Israéliens sont l'occupant (pas dans la bande de Gaza, au demeurant).

Le malaise était donc bien là, massif, au soir du 7 octobre : la violence est venue non de l'oppresseur, mais de l'opprimé, non du colonisateur, mais du colonisé ; non du camp du plus fort, mais de celui qui porte la colère des damnés de la terre. Pressentant que l'empathie pourrait changer de camp, et « la prison à ciel ouvert » être identifiée à une antichambre de la mort, il fut impératif pour les défenseurs de la cause d'excuser la violence ou, mieux encore, de passer outre.

Deux obstacles auraient dû les inciter à manifester de la retenue : l'ampleur des atrocités, d'une part ; la nature fanatique du Hamas, d'autre part. Liquidant leur ultime scrupule, ils ont volé au secours de la cause, refusant de considérer qu'elle s'était faite monstrueuse. Ils auraient pu dénoncer l'horreur sans ambiguïté, tout en proclamant vigoureusement ce qui reste audible, recevable et louable, à leurs yeux, dans le combat qu'ils mènent pour la Palestine. Ils auraient pu marquer une distance, faire un pas de côté, un seul. Le ciel ne leur serait pas tombé sur la tête. Craignaient-ils de désespérer Gaza ? Plutôt que d'avoir le courage d'examiner jusqu'où la violence peut être légitime, ils ont tenu, cette violence paroxystique, à l'apprivoiser, à la domestiquer, à la relativiser, à l'absorber, à lui donner un sens.

Et quel meilleur sens pouvait-on lui donner sinon de l'inscrire dans le schéma anticolonial ? Ne reculant devant aucune énormité, quel meilleur brevet de virginité pouvait-on conférer au massacre sinon en qualifiant le crime d'« acte de résistance » ?

Plus largement, et indépendamment du massacre et de la guerre, sommes-nous responsables de nos actes ou bien nos actes sont-ils le résultat de circonstances externes, le produit d'un contexte, pour employer le mot qui a fait scandale ? Faute de place, mais surtout de certitude, je me garderais de trancher ce problème philosophique complexe aux implications politiques et juridiques considérables. À défaut de prendre position de manière unilatérale, je préfère opter pour une réponse nuancée : 50-50. On ne saurait imputer les actes d'un individu (ou d'un peuple) ni à son libre-arbitre uniquement ni aux circonstances exclusivement, mais aux deux. Paraphrasant une phrase célèbre de Ben Gourion pour définir la stratégie adéquate à adopter face aux Britanniques qui interdisaient l'immigration des Juifs vers la Palestine, alors même que les Nazis les exterminaient, je dirais qu'il faut tout attribuer au contexte comme s'il n'y avait pas de conscience individuelle, et tout attribuer à la conscience individuelle comme s'il n'y avait pas de contexte. Mais quel est le contexte adéquat ? N'est-il pas autant le fanatisme islamo-palestinien du Hamas que le mépris de la revendication palestinienne par Israël. Mais quelle est au juste cette revendication ? Celle d'un État palestinien à côté d'Israël ou celle d'un remplacement d'Israël par une *free Palestine from the river to the sea* ?

La vérité d'un événement est-elle dans le contexte qui l'a précédé ou dans ce qu'il est, tel qu'il est, hors contexte ? Si les deux explications se neutralisent réciproquement, on n'est pas bien avancé dans notre effort de discernement. Plus encore, on pourrait être soupçonné de préférer fuir par une habile pirouette et une contorsion d'équilibriste l'exercice difficile de juger. Le risque n'est-il pas aussi de répondre au cas par cas en fonction des intérêts de chacune des deux parties ?

À tout prendre, il est plus juste d'assumer les responsabilités qui découlent de son choix plutôt que de prétexter qu'il n'y en avait pas d'autre. Il existe toujours d'autres options, d'autres possibles. Placés devant une situation identique, les hommes ne réagissent pas de la même manière. Cela ne veut pas dire que le contexte ne compte pas ou qu'il est secondaire. Le contexte vient après. On ne doit s'y pencher qu'une fois la responsabilité de l'acteur reconnue. Respecter cet ordre est une leçon de morale.

Denis Charbit
Open University d'Israël (Ra'anana)

Délaissement

Gérard Bensussan

Il y eut la blessure.

Le retranchement. Des centaines de vies ôtées du monde dans le hachoir de la haine, l'atrocité, le sang des égorgements et des éventrements. Le 7 octobre 2023 fit à peu près autant de victimes que la nuit de Cristal à travers l'Allemagne le 9 novembre 1938, selon les estimations les plus récentes[1]. La scénographie en est parfois semblable. Elle répète les grands massacres de Juifs qui ponctuent l'histoire de l'Europe des ghettos et des pogroms de l'Empire tsariste. La tuerie de masse du 7 octobre 2023 réactive la mémoire des cruautés infligées aux corps juifs depuis des siècles. Comme dans un cauchemar : les tueurs qui rôdent, les enfants qui se cachent sous les lits ou dans les armoires, l'atrocité innommable des mises à mort. À cette revenance s'ajoute un *topos* politique actuel : lorsque les Israéliens parlent d'une volonté de leurs ennemis de les « rayer de la carte », on a parfois tendance à n'y voir qu'un élément de propagande en arguant de l'évidente puissance militaire d'Israël. Or, depuis le 7 octobre, se préfigure sous nos yeux la possibilité de cette destruction physique d'un pays et de ses habitants, cette extrême fragilité que relevait Blanchot en 1969, alors même qu'il soutenait sans équivoque la lutte du peuple

1. Voir le site *Reichspogromnacht* du 9 novembre 1938, via https://www.lpb-bw.de/reichspogromnacht.

palestinien, avant sa fétichisation en point de convergence de toutes les luttes.

Puis il y eut pire que la blessure.

« Blesser la blessure », c'est ainsi que Victor Hugo qualifie la souffrance délibérément infligée, la cruauté volontairement exercée sur « l'envers de la peau » (Levinas). La blessure fut blessée après le 7 octobre. La très rapide mise à l'isolement d'Israël et des communautés juives disséminées, l'absence d'empathie, rigide, sanglée dans l'uniforme des slogans, la condamnation, aussi prompte qu'aveugle, de toute légitime défense puis, pour finir, l'imputation de génocide, tout ceci est encore pire que le crime lui-même. Comme sa volte-face, si je puis dire : un mouvement qui se détourne du regard porté sur le crime pour se fixer ailleurs, ajoutant à la détresse l'abandon et au malheur le refus du visage. Cette volte-face fait violence et vaut complicité. Elle est rendue possible par un préalable, une opération de langage, la *nazification* d'Israël (comparable à celle de l'Ukraine agressée). Le processus d'inversion des signes vient de loin. Il trouve son ancrage originel dans la longue histoire de la théologie de la substitution et du *Verus Israël.* L'apôtre Paul explique que « *le vrai Juif* » n'est pas celui qui est circoncis selon la chair, mais celui qui l'est « en dedans ». Autrement, « avec (sa) circoncision », le Juif « n'est plus qu'un incirconcis » (Rom 2,25-29). Les vrais circoncis, selon l'esprit, les vrais Juifs, ne sont plus les Juifs, incirconcis au fond. En vérité, ce sont les chrétiens : « C'est nous qui sommes les circoncis » (Ph 3,3). Non seulement Israël n'est plus dans Israël puisqu'il n'a pas reconnu le messie ni admis sa venue, mais il en a tué la personne et voulu en effacer l'événement : la théologie de la substitution est intimement associée au dogme du peuple juif déicide. Ils ont tué le messie de Dieu, Dieu lui-même, ils ne sont pas Israël, mais son simulacre, le temps est venu de les remplacer. Le *véritable* Israël, l'Israël *universel,* selon l'esprit, c'est désormais le christianisme dans la puissance de son éclat et de sa mondialité. Le judaïsme est renvoyé simultanément, dans un même mouvement de significations, à l'obstination et à la fausseté de la particularité (l'Islam reprendra autrement cette idée d'une falsification généralisée associée aux Juifs et à leur Torah).

Ce grand remplacement théologique est aussi géopolitique puisqu'il convoque *oikouménē* et *catholicité*, c'est-à-dire le monde et l'universel. Depuis cette source, il se jette, aussi naturellement que le fleuve dans son estuaire, dans la haute mer agitée de l'actualité : « *Palestiniens est le nom des vrais* Juifs[2] ». On en retrouve partout les grandes et les petites transfigurations. Je n'ai pas le temps ici de m'arrêter sur le déplacement de la vérité qu'elles produisent et convoquent, hégélien en dernière instance : la dialectique spéculative dit la *vérité-de*, moyennant une prolifération de médiations. De Paul à Hegel et au-delà, le fil est rectiligne. Le christianisme est la vérité du judaïsme, le peuple palestinien est le « vrai » peuple persécuté – dont les persécuteurs, par voie de conséquence, sont les « vrais » nazis d'aujourd'hui. Cette nazification d'Israël, l'État aussi bien que les communautés juives, est une seconde mort ajoutée à la première, le 7 octobre 2023. Abel, une fois tué, fut ainsi chargé du crime de Caïn. La conséquence politique est d'annuler la première mort par une neutralisation qui prend la forme d'un *négationnisme sans négation*. Un effacement qui n'a même pas à fournir des raisons. L'inversion des signifiants vaut par soi-même. Si Netanyahou est un Hitler sans prépuce, c'est que peu ou prou Hitler fut un Juif avec – ce qu'on entend de plus en plus, du premier quidam venu jusqu'au ministre russe des Affaires étrangères ! Vassili Grossmann a montré la perversion de cette inversion en tentant de l'inverser à son tour, et de retrouver

2. Alain Badiou, *Circonstances 3, Portées du mot juif*, Leo Scheer, 2008, p. 26.

sous le diabolique triomphant son antonyme, le symbolique perdu : « Dis-moi ce dont tu accuses les juifs et je te dirai ce dont tu es toi-même coupable[3] ». Si les Palestiniens sont les Juifs d'aujourd'hui et si les Israéliens sont eux-mêmes des nazis, alors « tout est permis », et il n'y a pas lieu de s'offusquer d'une terreur condamnable mais compréhensible.

Toutes les vies se valent, incontestablement, est-il encore utile de le dire ? Mais toutes les morts ne pèsent pas également sur le cerveau des vivants. L'esseulement sans nom qui suivit le 7 octobre fut pire que le 7 octobre, je l'ai dit, car il entendait priver les morts de leur appartenance à un monde, à un même monde fait de repères univoques, d'habitation commune, d'orientations et de perspectives partagées. Dans les premières lignes de « Sans nom », justement, le dernier des textes recueillis dans *Noms propres*, Levinas fait une différence entre la mort de « victimes (qui) savent au moins où porter les yeux qui s'éteignent. Leurs espaces désolés appartiennent à un monde… (où) existe une opinion indiscutée, des institutions indiscutables et une Justice » ; et « le délaissement » absolu qui prévalut pendant l'extermination. « Toujours on meurt seul et partout les malheurs sont désespérés » ajoute-t-il, « mais qui dira la solitude des victimes qui mouraient dans un monde mis en question par les triomphes hitlériens… la solitude de ceux qui pensaient mourir en même temps que la Justice… où aucun signe ne venait du dehors ». Plus de monde habitable ensemble ! Le délaissement d'après le 7 octobre, est pire que la mort. Les massacres, les dévastations, les tueries n'ont pas cessé après 1945 ou après 1989 et il est toujours incongru et obscène de vouloir distinguer entre les souffrances des uns et celles des autres. Mais mourir sans monde, perdre le monde au moment de mourir, c'est plus et pire que perdre

3. Vassili Grossman, *Vie et Destin*, Julliard/L'âge d'homme, 1983, p. 456.

seulement la vie. « Plus rien », écrit Levinas : « Pas le moindre manifeste sur les droits de l'homme. Aucune « protestation d'intellectuels de gauche » ! Absence de toute patrie, congé de toute France ! Silence de toute Église ! Insécurité de toute camaraderie[4] ».

Le *délaissement*, du fait du monde, est le contraire de la *Gelassenheit*, de soi à soi. Mourir privé de monde et de partage, c'est cela l'abandon. Assigner à cette désolation un effet de « vérité », et de la vérité des Juifs eux-mêmes, c'est cela la détresse d'une mort dépossédée de soi. Le 7 octobre consigne le retour dans notre calendrier de la tumeur mémorielle de la Shoah, la fin de toute rémission, la croissance du nihilisme. Les larmes de Jan Karski dans *Shoah*, le film, témoignent pour cette *fin du monde*. L'échange, la réciprocité, la mutualité des humains y sont abolies, même la sérénité du ciel accable les morts. À propos de la visite du ghetto de Varsovie qu'il effectue avec les deux émissaires juifs qui veulent l'alarmer, Claude Lanzmann évoque un monde terrifiant, et Karski le reprend : « Ce n'était pas le monde, ce n'était pas un monde… », ce n'étaient même plus « des hommes » ceux qu'il a vus dans le ghetto, mais les créatures nues d'une planète désertée et stérile, régie par la banalité du meurtre.

Après le 7 octobre, le monde n'en est pas là, mais il a perdu de sa cohérence. L'espace habité s'est comme vidé de ses significations communes et la « camaraderie » qui fait la sécurité des vivants s'est dégradée. Les Juifs en font de nouveau l'épreuve ancienne et oubliée.

Comme Shylock à Venise, ville-monde, Israël est au milieu des nations, unies face à lui, dans l'arène mondiale de leur assemblée générale. Shylock se sent humain parmi les humains. Il est obligé de rappeler que si on le frappe, il éprouve de la douleur,

---

4. Emmanuel LEVINAS, *Noms propres*, Poche, 1976, p. 141-142.

si on le poignarde il saigne, comme tout le monde, et il se voit pourtant banni du genre humain en raison de l'implacable cruauté et du racisme anti-chrétien que lui attribue la pièce. Il en appelle à la compassion de ses interlocuteurs, au nom du droit qui est le sien, et ne recueille qu'offense et insulte. On le maltraite, on le trompe, et cette malveillance le fait souffrir jusqu'à étouffer en lui tout sentiment d'humanité, c'est ainsi qu'il est décrit dans le chef-d'œuvre de Shakespeare. Laissé à son dépit obsidional et au profond sentiment d'injustice qui le saisit, il veut se venger, obstinément attaché à vouloir prélever sa livre de chair. Dur, cruel, vindicatif, raciste, tels sont les attributs, quasiment d'essence, imputés au Juif Shylock. Portia l'appelle à faire preuve de miséricorde, comme le secrétaire général des Nations Unies, sous peine de sanctions par le tribunal de Venise. La pièce de Shakespeare est antisémite, et le personnage de Shylock évidemment détestable, mais elle donne voix – c'est le privilège des grandes œuvres –, à la douleur de la persécution, à la solitude d'un homme parmi les hommes, d'un peuple parmi les peuples, condamnés de toutes parts, objets de profonde inimitié.

Bien sûr, se pose aussi, après le 7 octobre, indissociablement, la question méta-éthique des victimes des victimes, de la culpabilité des innocents lorsqu'ils entrent « dans la juste guerre menée à la guerre ». La faute serait de répéter « l'horrible chose » infligée aux Juifs dans l'immédiat après 7 octobre. C'est le mot qu'utilisa Pasolini en réponse à un étudiant confit dans sa bonne conscience révolutionnaire et qui lui reprochait d'être « un réactionnaire et un conservateur » : « Toi, tu es de gauche, d'extrême gauche, le plus à gauche d'entre tous, et pourtant tu es fasciste : tu es fasciste parce que tu es bête, autoritaire, incapable d'observer la réalité, esclave de quelques principes qui te semblent si inébranlablement justes qu'ils sont devenus *une foi – horrible chose, lorsqu'elle ne s'accompagne pas de charité* :

autrement dit, d'un rapport concret, vivant et réaliste avec l'histoire[5] ».

De cette foi sans charité, pour parler dans la langue chrétienne que sécularise à sa façon Pasolini, de ces certitudes sans failles d'une croyance impassible, Levinas a fortement thématisé le motif : « pour le peu d'humanité qui orne la terre, il faut... dans la juste guerre menée à la guerre trembler -encore frissonner- à tout instant, à cause de cette justice même. Il faut cette faiblesse... ce relâchement de la virilité pour le peu de cruauté que nos mains répudièrent[6] ». Beaucoup aujourd'hui font au contraire profession de « foi » morale, sans le moindre « frémissement d'entrailles ». Cette position largement partagée, surtout s'il s'agit d'Israël, est celle du dernier homme. La grande leçon solennelle qu'il administre à la simple humanité des autres hommes, non sans ricanements ni cruautés, s'excepte de ce que Grossmann appelait la si précieuse « petite bonté » au jour le jour. L'obscurcissement risque de s'*étendre à la faveur de cette horrible chose* qui oublie de trembler.

Gérard Bensussan
Professeur émérite
à l'Université de Strasbourg

5. Pier Paolo Pasolini, *Le chaos*, éd. R&N, 2022. Dans *Difficile liberté*, A.Michel, 4e éd., 1995, p. 205, Levinas dit à peu près la même chose : « La main qui se saisit de l'arme doit souffrir de la violence de ce geste. L'anesthésie de cette douleur amène le révolutionnaire aux frontières du fascisme ». Les deux propos consignent sans doute l'expérience douloureuse des hommes de gauche du xxe siècle devant la « révolution » : le 7 octobre 2023 a réactivé cette contraction nocturne de l'être-de-gauche.

6. Emmanuel Levinas, *Autrement qu'être*, Livre de poche, 1974, p. 283.

New York après le 7 octobre

Antoine Compagnon

Le 6 octobre au soir, après une semaine à Paris (pour rendre hommage à Hélène Carrère d'Encausse, secrétaire perpétuelle de l'Académie française, et élire son successeur, Amin Maalouf), j'ai repris un vol pour New York où, comme d'habitude, j'enseignais durant l'automne à l'université Columbia. Le lendemain, tôt debout, j'ai appris les attaques terroristes en cours autour de Gaza. Dès le 8 octobre, un professeur de politique arabe moderne et d'histoire intellectuelle à l'université, Joseph Massad, Jordanien, félicitait le Hamas pour ses offensives « stupéfiantes » et « incroyables » contre Israël, les qualifiant de « superbe victoire[1] ». Le ton était donné pour les agitations qui divisèrent le campus jusqu'à mon départ à la mi-décembre.

Le jeudi suivant, 12 octobre, deux manifestations se tinrent devant la bibliothèque, l'une propalestinienne, l'autre en soutien d'Israël. La disproportion entre les deux rassemblements fut frappante. Par la suite, les manifestations propalestiniennes ont été quasi quotidiennes, celles de soutien à Israël plus discrètes, même si une pétition pour le renvoi du professeur Massad a réuni de nombreuses signatures (sans effet).

Pour qui n'avait pas été attentif à l'évolution démographique de l'université au cours des dernières décennies, la situation a

1. Voir sur le site *The Electronic Intifada*, l'article de Joseph Massad du 8 octobre 2023 « *Just another battle or the Palestinian war of liberation ?* »

pu surprendre. Il y a quarante ans, quand je suis parti pour Columbia, l'université était européenne et juive. Comme d'autres, elle avait été refondée dans les années 1930 par des professeurs chassés d'Allemagne après l'arrivée au pouvoir d'Hitler. Oskar Kristeller, éminent spécialiste de la Renaissance, parvenu aux États-Unis en 1938 après une étape en Italie, exerçait encore sa haute autorité sur l'enseignement des Humanités. Quand une timide révision du programme était envisagée pour les grands cours de littérature et de philosophie, obligatoires pour tous les étudiants du collège (le cœur de l'université, les quatre années du BA), il intervenait, tel une statue du Commandeur, dans le journal des étudiants pour réaffirmer les principes de la *Bildung*.

Le président de l'université, Michael Sovern, professeur de droit du travail, fils d'un négociant juif du Bronx, avait été un étudiant de première génération, comme la plupart des professeurs les plus respectés, ceux dont l'avis pesait auprès de l'administration de l'université, souvent passés par le City College de New York, établissement gratuit, avant de rejoindre une université de l'Ivy League pour leur doctorat. C'était le cheminement habituel de la promotion sociale et la version américaine, ou plus exactement juive américaine et même juive new-yorkaise, de la lignée française paysan-instituteur-agrégé. Mon ami Yosef Yerushalmi avait obtenu son BA à l'université Yeshiva et son doctorat à Columbia, sous la direction de Salo Baron, mon voisin de palier, le fondateur de l'histoire juive aux États-Unis. L'université était un avant-poste de l'extrême-Europe, où le cher Edward Said, formé dans les meilleures écoles britanniques de Jérusalem et d'Alexandrie, puis à Princeton et Harvard, jouait le rôle de caution. Il n'est pas difficile d'imaginer la réaction qui aurait été celle de la communauté de Columbia à une attaque comparable à celle du 7 octobre.

Or la démographie de l'université a été profondément modifiée en une génération. Alors new-yorkaise de tradition et nationale par son recrutement, de culture européenne maintenue par des universitaires juifs de première génération, elle est devenue globale ou mondiale chez les étudiants comme dans la faculté. Edward Said, décédé en 2003, a été remplacé par un bataillon d'intellectuels souvent militants, tels Gayatri Spivak, Rashid Khalidi, ou Joseph Massad (dont les opinions étaient connues lors de sa titularisation controversée en 2009). Ceux-ci ne jouent plus au squash, sport élitaire et blanc, avec le Provost (aujourd'hui la Provost), comme le faisait Said, dont le partenaire était le vice-président puis Provost Jonathan Cole, sociologue dont toute la carrière s'était déroulée à Columbia, disciple de Robert Merton. Ce dernier était né Schkolnick dans la pauvreté à Philadelphie, type de l'universitaire de première génération dont les enfants s'orientaient vers d'autres professions (sauf en faculté de médecine, parfois). De même, la proportion des étudiants juifs à Columbia College a chuté de 40 % (autour de 1968[2]) à environ 17 % aujourd'hui (chiffre qui reste supérieur aux 10 % de Harvard, Yale ou Princeton, bien en dessous du plafond antisémite fixé à 15 % par le président de Harvard entre les deux guerres[3]).

Et ces jeunes étudiants juifs ont eux-mêmes beaucoup changé (ils sont « plus jeunes que juifs », disait un collègue de mon âge). En novembre 2023, Columbia a suspendu jusqu'à la fin du semestre l'organisation étudiante *Jewish Voice for Peace*, ainsi qu'une autre association propalestinienne, *Students for Justice in Palestine*, au motif qu'elles tenaient « un discours menaçant à des fins d'intimidation ». Les étudiants juifs de Columbia, comme dans les autres universités américaines, ne se sont pas retrouvés dans la défense d'Israël après le 7 octobre, non pas la

2. *The New York Times*, 17 avril 1967.
3. Voir l'article de Sara Weissman du 8 mai 2023 publié sur le site IHE (Inside High Ed).

défense de la politique de Benyamin Netanyahou, mais la simple défense de l'existence d'Israël à la suite d'une attaque terroriste.

Par un coup de chance, la nouvelle présidente de Columbia, Minouche Shafik, économiste égypto-américaine dont l'inauguration avait eu lieu le jeudi 5 octobre 2023, deux jours avant l'attaque du Hamas, avait une excuse (elle devait prendre la parole à la COP28 à Dubaï) qui lui a permis de sécher l'audition à la Chambre des représentants le 5 décembre, où elle avait été convoquée avec les présidentes de Harvard, MIT et Penn. Aussi novice que ses consœurs, elle serait vraisemblablement tombée elle aussi dans le piège tendu par les Républicains (deux d'entre elles ont été contraintes à la démission par la suite), piège qu'aurait sans doute déjoué son prédécesseur, Lee Bollinger, président de 2002 à 2023, après l'avoir été à l'université du Michigan, spécialiste précisément du premier amendement et de la liberté d'expression, vieux routier de la Cour suprême, où une fameuse victoire de l'*Affirmative Action* porte son nom (Grutter V. Bollinger, 539 U.S. 306 [2003]), précédent tout juste renversé en juin 2023 par la Cour à majorité désormais très conservatrice.

Les événements de l'automne à Columbia n'ont donc rien eu de déconcertant pour qui avait observé les transformations démographiques de l'université entière depuis la fin du XXe siècle, sa dimension globale, sa recherche de la diversité et de l'inclusion, et son éloignement de l'Europe, avec laquelle ses professeurs et ses étudiants d'origine juive avaient longtemps maintenu un fort lien. De fait, loin d'être un avant-poste, ils étaient (nous étions) une arrière-garde, aussi bien Irving Lavin, professeur à Princeton, qui définissait l'histoire de l'art dans les universités américaines comme « des Juifs qui expliquent l'imagerie catholique à des protestants », que Said, lequel, après avoir lancé un caillou du Sud-Liban vers Israël en 2000, se justifia en parlant d'un « geste symbolique de joie » alors qu'Israël venait d'évacuer la zone frontalière (imaginez

Massad revenant sur sa glorification terroriste du 7 octobre et la requalifiant de « symbolique »).

J'écris ceci à Tunis, où m'a trouvé un message de Danielle Cohen-Levinas me demandant un petit texte sur le 7 octobre. Sur les murs de l'Institut français, l'ancien lycée Carnot, je lis ces graffitis : « *You are not welcome anymore…* », « La France complice du génocide », « Macron terroriste, Biden terroriste », « *Free Palestine from the river to the sea !* », « Colon un jour, colon toujours ! » Plus bas dans la rue, la Grande Synagogue, entourée de barrières, est désertique. Plus de 100 000 Juifs ont quitté la Tunisie sur les 800 000 qui ont dû s'exiler des pays arabes et musulmans après 1948. Nulle part, ni en Israël ni en France, on ne les appelle, eux et leurs descendants, des réfugiés.

De Columbia à Tunis, BDS risque de triompher. Je suis depuis longtemps partisan de renforcer nos contacts, à la Sorbonne, au Collège de France, à Columbia, avec les universitaires israéliens que j'ai accompagnés, lors de ma dernière visite à Tel Aviv en mai 2023, avant le choc du 7 octobre, à l'une de leurs manifestations hebdomadaires contre la politique de leur gouvernement.

P.-S. Ces lignes étaient écrites avant l'audition de la présidente de Columbia à la Chambre des représentants le 17 avril 2024, les manifestations qui suivirent sur le campus, l'occupation de Hamilton Hall et son évacuation par la police le 30 avril, et la démission de la présidente le 14 août 2024. Ces rebondissements confirment plus qu'ils ne remettent en cause l'analyse des évolutions démographiques et des fractures générationnelles ici esquissée.

Antoine Compagnon
De l'Académie française,
Professeur émérite au Collège de France

La parole prise en otage

PHILIPPE CAPELLE-DUMONT

La terreur connaît son ennemie : la parole. Elle l'*enlève*, l'extrait de l'histoire et la prend en otage. Elle ne négocie pas. Dans son viseur : la ferveur du sens et la libéralité du langage. À nouveau, elle vient de décliner son geste premier, vide de tout concept, étranger à la métaphore. Son champ doit être dégagé de toute altérité et de toute antériorité pour opérer dans le néant, goûter l'autisme et imposer le mutisme. Voici donc, inédit, son point de noire incandescence : le « 7 octobre ». *Sept* ! Le chiffre de l'accomplissement, que le monde biblique a consacré (les sept jours, les sept frères, le pardon des sept fois…), fut alors volé à l'instar des 240 déportés, violé comme ces dizaines de femmes et mis en cendres comme l'innocence de leurs petits anges.

Mais la souillure infiltre et persiste jusque-là où, fascinés par sa puissance mensongère, d'aucuns déclarent y apercevoir la simple contingence des malheurs du monde ou, plus sophistiqué, y discerner quelque logique de la résistance légitime. Le Mal dissimulé qui n'existe bientôt plus, laisse place au « contexte » et prend le faciès de la « proportionnalité des moyens ». « Il faut toujours, ce qui est plus difficile, voir ce que l'on voit », avertissait Péguy ; une couche dé-constructionniste embrasée aura fait le reste : non pas la perception d'un pogrome, mais (cette fois avec des complicités politiciennes désinhibées) un acte de révolte… que les mémoires fantasmées déclarent révolutionnaire.

Sans parole, voici le résiduel misérable des rhétoriques. L'excuse a frappé à la porte honteuse des consciences brouillées, ternies, dévoyées. Parole retirée à la défense, les témoins de la grande Histoire doivent être eux aussi éliminés. Ainsi, le vendredi 8 mars 2024 dans l'université de Cambridge, une militante a détruit la toile d'un portrait d'Arthur Balfour, ancien ministre britannique, auteur en 1917 d'une déclaration exprimant le soutien du Royaume-Uni à l'établissement d'un « foyer national pour le peuple juif ».

Comment fuir ici l'exigence impérieuse de « penser l'événement », expression que nous soufflait Jacques Derrida aux États-Unis, quelques jours après *« the attack »* du 11 septembre 2001 et avant d'en dérouler l'ouvrage que nous connaissons. Mais penser l'événement du 7 octobre dans sa singularité propre, cela accroît notre devoir. Non pas un moment dialectique de l'Esprit ou une nouvelle figuration de la « lutte des classes », non pas un événement de l'Être ou un surgissement pulsionnel par-delà le bien et le mal, non plus l'éclat 'post-moderne' d'une nouveauté sans attache et sans tache. Mais un renvoi cinglant à la perte des normes et à l'oubli des interdits que les temps bénis avaient assis sur une transcendance aux douceurs de la sagesse.

Mais où donc se tiennent les Conseils des sages à l'heure de la concurrence débridée des prophétismes ? Mais où donc est passée l'énergie de la Mémoire lorsque les mytho-maniaques de la *tabula rasa* en ont relégué toute formalité ? Mais où résident aujourd'hui, en deçà de la rationalité instrumentale et face aux prurits communautaristes, les lumières universalistes du raisonnable ? Entre la revendication sacro-scripturaire de l'éradication d'un peuple ici et la promotion de la *loi du talion* en stratégie politique là, y a-t-il un espace pour la précédence de l'immémorial, pour un logos sans tyrannie, pour un monothéisme sans monologisme ?

Certes, axiomatique imparable, il n'est point de « hiérarchie d'excellence entre les cadavres » (Stanislas Breton) ; les femmes et les enfants exténués ne sauraient voir leur dignité d'être réglée sur leurs appartenances de tradition ou de circonstance. Tous valent au plus degré. Pour autant, les *motifs* qui portent les tués et les souffrants à leur état ne sont pas tous interchangeables. La ruse de la déraison consiste à *dé-diachroniser* les scènes de vie et à leur substituer la *synchronie* spectaculaire du mathématisable : 32 000 victimes contre 1 200. Or, les chiffres ne savent guère considérer la nature de ce qu'ils désignent ; leur comptabilité fait souvent office d'ontologie pour charger les souvenirs de la revanche mécanique : illusion maléfique de la vérité.

Antisémitisme en acte. Cependant, on ne voudra pas, sur les lieux corrects, en désigner frontalement les auteurs dominants sous peine d'éveiller la peur ou d'activer le malheur. Aussi met-on en équilibre – là où la nuance n'est pas la bienvenue – un antisémitisme historique, de socialistes, de communistes, voire de chrétiens pour s'autoriser la suggestion timide d'un antisémitisme marginalement islamiste. Équilibre des manipulations sociologiques pour tenter la chimère : régionaliser un mal absolu qui résonne pourtant comme l'interdit d'un onzième commandement. La dignité surnaturelle de la figure juive, capable d'aveu autocritique depuis le Veau d'Or, ne saurait être confisquée et pervertie en puissance de condamnation rédemptrice. Tel est le point. Son malheur est-il sans issue ? Il est non moins, statutairement *risqué* et *non nécessaire* lui aussi, celui du chrétien. Rappelons ce mot du visionnaire Jacques Maritain, époux de Raïssa : « Le zèle amer de l'antisémitisme tourne toujours à la fin en zèle amer contre le christianisme lui-même » (*Le Mystère d'Israël*, 1937, 1965).

N'y a-t-il point en ces lieux que places pour la terreur des conquérants et la timidité des faibles ? La parole est vertu et vertueuse, donc praticable et communicable. Elle passe toutefois d'abord par le cri des souffrants et des soignants. Le premier signe d'une civilisation, disait la grande anthropologue Margaret Mead, « est un fémur cassé et guéri[1] ». Elle entendait par là que, contrairement à ce qui se passe dans le règne animal, lorsqu'un humain se brise un membre vital, il ne meurt pas nécessairement, parce qu'un autre, un frère, a su réunir les conditions du soin.

Tant fut cassé et l'est resté. Mais tant fut guéri et le sera à nouveau. L'éthique de la civilisation reprend ici la parole.

PHILIPPE CAPELLE-DUMONT
Professeur émérite des Universités,
Président d'honneur de l'Académie catholique de France

1. Margaret Mead, 1971 in P. BRAND, *Fearfully and wonderfully made,* Zondervan, Grand Rapids 1980.

Disqualifications

Marc Crépon

Il est des violences qui suffisent à *disqualifier* leur fin sensée les justifier aux yeux de ceux qui les encouragent, les programment ou les commettent[1]. Cela signifie que l'action violente qui prend de telles formes ne peut plus se reconnaître la qualification qu'elle revendique. Lorsqu'une « opération militaire » consiste à traquer et massacrer des familles entières dans leurs foyers, dans des conditions atroces, à tuer méthodiquement de sang-froid des jeunes gens qui s'étaient rassemblés pour faire la fête, dans le seul but de faire le plus grand nombre de victimes possibles, à prendre des civils en otage, enfants, femmes et vieillards compris, elle ne peut plus être considérée comme une « opération militaire », encore moins un « acte de résistance ». Persister, envers et contre toutes les images et les récits qui en attestent l'horreur, à vouloir la désigner sous ces termes relève, qu'on le veuille ou non, du plus insoutenable et du plus indigne des consentements meurtriers. C'est tenter de trouver des raisons à sa « cruauté », à sa « barbarie », à son « inhumanité » qui, non seulement, sont les seuls noms qui conviennent pour décrire et nommer les attaques du 7 octobre, la seule façon, douloureuse, de les inscrire dans nos mémoires, mais interdisent, en outre, – et c'est là l'essentiel – toute autre qualification, toute autre

1. Tribune publiée dans *Libération*, le 20 novembre 2023, sous le titre : « Guerre Hamas-Israël : ne pas s'égarer dans "le consentement meurtrier" ».

dénomination comme une douteuse et suspecte complaisance pour des crimes précisément *inqualifiables*.

Les consentements meurtriers dont sont tissées nos existences doivent être distingués selon les passions qui les provoquent (la haine, la peur, le ressentiment, la colère, la vengeance) et les discours qu'ils nous font tenir, les jugements qu'ils nous conduisent à porter et les actions, les situations à cautionner, à provoquer ou à commettre. On se gardera donc de tout mettre sur le même plan, de tout confondre, d'égaler ce qui ne saurait l'être, de mettre les violences en regard, justifiant l'une au nom de l'autre, les renvoyant dos à dos. On se souviendra que c'est en refusant d'avoir à choisir entre la torture et le terrorisme qu'au prix de beaucoup de malentendus, Camus forgea l'expression, dont il est urgent que nous apprenions à hériter : celle de « consentement au meurtre ». En hériter, c'est apprendre à refuser de glisser sur la pente aussi légitime que redoutable qui nous ferait céder à sa facilité ou à son piège, dans des circonstances terribles comme celles que nous vivons depuis le 7 octobre qui nous aura laissés démunis, sans voix, perdus dans le chagrin du monde.

Comment nier dès lors que c'est aussi s'égarer dans un consentement de cet ordre que de fermer les yeux sur le caractère inqualifiable de la riposte israélienne aux attaques du 7 octobre, le bombardement systématique des populations civiles, des hôpitaux, des écoles, sous le prétexte intenable qu'ils abriteraient les combattants du Hamas. Comment nier qu'il est de notre responsabilité de nous indigner et de protester contre le blocus de la bande de Gaza qui prive sa population entière d'eau, de nourriture, de médicaments, entrave l'accès vital aux soins et aux secours, contre la mort probable enfin de milliers d'enfants sous un tapis de bombes. Israël a le droit de se défendre, comme toute nation, après l'attaque sanglante qui l'a si profondément meurtri. Nul ne saurait minimiser le traumatisme que représente dans une société la violence extrême de l'agression qu'elle a subie. Mais ce que nous devons reconnaître aussitôt est que toute action n'en est pas pour autant légitime et que les formes que cette « défense » s'autorise doivent être impérativement questionnées. Rien donc ne saurait nous interdire de nous interroger en nous demandant si, en soumettant une population de huit cent mille habitants à un déluge de feu, en exerçant sur tout un peuple ce qui s'apparente à une « punition collective » impitoyable, la riposte ne change pas de *qualification*. Quel sera, au bout du compte, son solde ? Faudra-t-il parler de « crimes de guerre » ? S'agit-il d'un « crime contre l'humanité », qui exigerait l'organisation d'un tribunal international, comme certains le demandent ? Ces qualificatifs ne sauraient être utilisés à la légère, mais rien ne permet de les écarter à l'avance, comme si les vies mutilées et détruites dans la bande de Gaza pouvaient être tenues pour des « dommages collatéraux », sur lesquels il conviendrait de fermer les yeux ?

Est-ce tout ? Non, assurément ! Car, comme il fallait le redouter, le conflit israélo-palestinien a réveillé, en même temps que révélé à ceux qui feraient mine de l'ignorer, l'antisémitisme odieux qui continue d'animer, d'exciter et de mobiliser une partie non négligeable des populations d'Europe et d'ailleurs n'attend qu'une occasion pour se manifester. La haine des Juifs est un cancer qui ronge les démocraties européennes, comme tant d'autres pays dans le monde. On soutiendra alors que refuser de le reconnaître, de le dénoncer et de le combattre relève, là encore, du plus insoutenable des consentements meurtriers. Il est deux critères qui permettent d'identifier une violence subie comme telle. S'il est vrai que toute existence individuelle se définit comme un tissu de relations avec des êtres vivants et non-vivants, des lieux familiers, un espace, des objets, des institutions, la violence doit être comprise comme la rupture du minimum de confiance que nous devons pouvoir mettre dans chacun de ces liens pour que la vie reste vivable. Comment ne pas voir dès lors que, pour la communauté juive, ces liens sont attaqués quand ils ne sont nulle part à l'abri d'actes violents, pour peu qu'ils aient été ciblés en tant que Juifs. Quant au second critère, on le désignera sous le nom de réification. Il consiste pour un individu singulier à se voir réduit à « l'objet « sur lequel une force s'applique, indépendamment de sa volonté, abstraction faite de tout ce qu'il est (et n'est pas) singulièrement et infiniment. Ainsi en va-t-il de toute réduction, toujours hostile, d'un individu à l'identité caricaturale qu'on lui prête, générale ou particulière, de quelque façon qu'on la définisse. Tenir les Juifs pour responsables collectivement de la riposte israélienne dans la bande de Gaza relève d'une réification de cet ordre que rien ne saurait justifier, pas plus en temps de crise que dans des circonstances ordinaires – une réification qui n'attendait que ce prétexte pour donner libre cours à la haine qui l'anime. Refuser d'en reconnaître l'insoutenable violence, de la dénoncer et de la combattre vaut consentement. Chacun devrait s'en souvenir, responsables politiques compris.

Nous vivons de sombres temps. Il est vain d'en appeler à une unité et une cohésion nationale qui feraient abstraction des fractures multiples qui la divisent. Mais nous pouvons veiller à contrer de façon critique toute justification de la violence qui reviendrait à s'accommoder du pire. Il faut prendre acte du caractère indissociable des deux sens du mot « humanité », l'appartenance à une « espèce commune », l'espèce humaine, et la qualité morale qui lui est associée, mélange d'attention, de soin et de compassion. Les lier l'une à l'autre, c'est considérer que ni la première ni la seconde ne sont acquises par nature. Si la violence est une *disqualification*, c'est peut-être alors qu'il est des pratiques inhumaines, des actes de barbarie, des destructions, individuelles ou massives, qui, pour peu qu'on les encourage et qu'on s'abstienne de les condamner, pour peu qu'on ouvre et même qu'on entrouvre la porte à leur consentement, *disqualifient* l'humanité en nous. Le plus difficile est d'admettre que nul n'est à l'abri de la perdre. De cette exigence inconditionnelle d'un entretien de l'humanité, dans tous les sens du terme, nous prenons conscience chaque fois que la mort d'enfants, pris en tenaille par la folie destructrice des adultes, creuse un abîme béant dans sa responsabilité. S'il est vrai que notre existence est faite d'accueils et de séparations, au rythme des naissances et des deuils, la violence faite aux enfants, pris en otage, écrasés sous les bombes, abandonnés, pervertit l'ordre naturel de l'existence et ruine durablement notre confiance dans cette même humanité. Cela devrait nous interdire toute forme de consentement meurtrier.

Marc Crépon
Directeur de recherche au CNRS,
Archives Husserl ENS/ULM

La cendre et l'étincelle

CARLOS LÉVY

Le premier pogrom, Alexandrie, 38 ap. J.-C.[1]

Notre époque répugne à réfléchir sur la longue durée. Elle préfère s'arrêter à une date ou à une notion et faire comme si elles marquaient l'origine, alors qu'elles ne sont qu'une étape ou le symptôme d'une répétition. À propos des massacres du 7 octobre 2023, le terme de « pogrom » a été inlassablement répété, faisant de la langue russe et de la Russie tsariste le référent ultime de la réflexion.

On remarquera que le petit Robert définit le pogrom comme un « soulèvement violent », tandis que le soulèvement est lui-même présenté comme « un mouvement de révolte massif contre un oppresseur ». Il faut donc en déduire que les communautés juives massacrées tout au long de l'histoire de l'Empire russe opprimaient ce dernier. Cette absurdité donne une idée des gouffres d'ignorance et de confusion que l'on côtoie dès que cette question est abordée et, plus largement, de la difficulté qu'éprouve le langage à dire cette réalité-là. À une époque où l'image est censée être reine, le poids des mots est plus que jamais essentiel.

Il n'est donc pas inutile de se référer à l'histoire pour tenter de comprendre ce qui échappe si facilement à l'analyse et dissimule sa permanence sur la longue durée derrière les particularités

---

1. Article paru dans la *Revue des deux mondes*, le 7 décembre 2023.

de telle ou telle culture. Il y a eu des pogroms tout au long de l'histoire du peuple juif, si par pogrom on entend non seulement la volonté de tuer, mais l'humiliation poussée au dernier degré, la violence infligeant les souffrances les plus atroces et le projet de faire disparaître non seulement les Juifs mais toute trace de la présence juive. On peut dater avec précision le premier pogrom, il eut lieu à Alexandrie en 38 de notre ère, dans un contexte qu'il convient d'évoquer rapidement.

Dans cette ville qu'Alexandre fonda en -331 et qui fut gouvernée par la dynastie des Lagides, descendants d'un de ses lieutenants, jusqu'à la conquête romaine, menée par Jules César, puis achevée par Octave, coexistaient trois communautés : les Égyptiens, peuple indigène, subissant la dure condition des colonisés ; les Grecs qui détenaient le pouvoir politique et économique ; les Juifs, attirés par la bienveillance dont faisaient preuve à leur égard les souverains Lagides, au moins dans un premier temps. Ce fut l'époque où le judaïsme se mit à utiliser la langue grecque non seulement comme outil vernaculaire, mais aussi pour prier, grâce à cette entreprise majeure que fut à tous égards la traduction de la Bible en grec, vers -270, si l'on adopte la datation traditionnelle.

Or aux abords de l'ère chrétienne, ce que l'on a pu qualifier de « lune de miel » entre le judaïsme et l'hellénisme n'était plus qu'un souvenir. La cité grecque d'Alexandrie, qui se sentait menacée par le pouvoir romain, se crispait de plus en plus sur ses privilèges. Les Juifs, qui étaient reconnus en tant que communauté, demandaient à l'être aussi en tant que citoyens, ce dont les Grecs ne voulaient pas entendre parler, et les Égyptiens, sentant que les Juifs étaient de moins en moins protégés, pouvaient donner libre cours à leur hostilité à l'égard du peuple de l'Exode. Lorsque, aux premiers empereurs romains qui, dans la tradition de César, étaient plutôt favorables aux Juifs, succéda Caligula qui les détestait parce qu'ils refusaient de lui reconnaître les attributs d'un Dieu, toutes les conditions étaient réunies pour qu'éclatât le pogrom que le grand penseur juif, Philon d'Alexandrie, décrit en des pages bouleversantes dans deux traités : l'*In Flaccum*, que l'édition anglaise la plus récente traduit par *Philo's Flaccus The First Pogrom*, et la *Legatio* où il fait le récit de l'ambassade qu'il conduisit à Rome pour tenter de fléchir Caligula.

Alexandrie était divisée en cinq secteurs, dont deux étaient habités majoritairement par des Juifs, mais nombre d'entre eux vivaient dans les autres secteurs. Le ghetto précéda le pogrom, tous les Juifs furent réunis dans l'endroit le plus insalubre de la cité tandis que leurs maisons étaient saccagées et détruites. Puis vinrent les massacres dont Philon dit qu'en comparaison les actes traditionnels des vainqueurs dans une guerre sembleraient bien doux. Réduits à la mort par inanition, poursuivis par des hommes dont il nous est dit qu'ils étaient possédés par une férocité de bêtes sauvages, ils étaient battus avec le souci de faire que la mort fût la plus lente possible : « Des familles entières, les maris avec leurs épouses, les enfants avec leurs parents furent brûlés au centre de la cité », tandis que d'autres étaient battus et traînés à travers toute la ville, « jusqu'à ce qu'ils fussent complètement anéantis et qu'il ne restât plus d'eux un seul os qui pût recevoir une sépulture ». Une fois leurs victimes assassinées, « on commettait les plus graves outrages sur leurs cadavres, les traînant à travers toutes les rues de la ville, jusqu'à ce qu'il ne restât rien de leur corps, la peau, les chairs, les muscles étant détruits par la dureté et les irrégularités du sol. »

On pourrait multiplier les citations, plus terrifiantes les unes que les autres et que nous ne pouvons lire aujourd'hui sans penser à ce qui s'est passé le 7 octobre. Il ne s'agit pas de nier que des horreurs du même genre aient été commises contre d'autres peuples, mais il n'en est aucun à propos duquel on puisse affirmer qu'elles se sont reproduites de la même manière tout au long de deux millénaires, autrement dit avec l'idée que la mort ne suffisait pas et qu'il fallait atteindre, à travers le meurtre du Juif, la perfection du néant.

Élie Wiesel, qui savait de quoi il parlait, avait demandé à François Mitterrand de réunir les plus grands spécialistes de toutes les disciplines pour l'organisation d'un grand colloque sur la haine. À notre connaissance, ce colloque n'eut jamais lieu, et peut-être ne pouvait-il pas avoir lieu, tant la haine semble devoir demeurer un impensé radical. Pour autant, la réflexion sur cette notion paraît plus que jamais nécessaire. L'épisode d'Alexandrie permet de distinguer un certain nombre d'éléments qui en sont constitutifs. Au niveau politique, il existe un papyrus de cette époque où, pour une formalité administrative, un Juif avait décliné son identité en écrivant comme nationalité : « Alexandrin », mention que le fonctionnaire grec avait rayée en lui substituant : « Juif d'Alexandrie ».

La volonté de tant de Juifs, ou au moins de beaucoup d'entre eux, d'être pleinement citoyens tout en assumant pleinement leur judéité a mis longtemps à être acceptée, et qui pourrait garantir qu'elle l'est définitivement ? Évidemment ceux qui refusaient la citoyenneté aux Juifs étaient les premiers à les accuser de « misanthropie », de haine du genre humain. La divinisation de Caligula, farouchement rejetée par les Juifs, à Alexandrie comme ailleurs, met en lumière un autre élément, à savoir la haine que suscite la permanence à travers les millénaires de ce peuple que l'on a si souvent voulu détruire et qui, non seulement a survécu, mais qui continue à opposer son monothéisme à toute tentative pour couper l'humain de sa perspective transcendantale. Et précisément parce que le judaïsme ne peut être pensé sans une référence à la transcendance absolue, il semble que demeure toujours quelque part, sous-jacente, l'idée que les Juifs encombrent dans ce monde, qu'ils peuvent et doivent aller ailleurs, un ailleurs qui évidemment n'existe pas.

On aurait pu penser que l'apparition de deux autres monothéismes enracinés dans la Bible, le christianisme et l'islam, améliorerait la perception du judaïsme, mais, d'une manière générale la rivalité mimétique fit qu'il en fut tout autrement. Au même moment où, vers 130 de notre ère, les Romains détruisirent définitivement, croyaient-ils, la communauté juive d'Alexandrie, dont les membres avaient cherché passionnément à être des citoyens d'une ville grecque puis romaine, leur empereur, Hadrien, vidait d'une grande partie de ses habitants la Judée, à laquelle il donna le nom de Palestine et transformait Jérusalem, symbole absolu de la relation d'Israël à son Dieu, en Aelia Capitolina. Le même sort attendait donc le Juif politique et le Juif théologique, tout comme, plusieurs siècles plus tard, l'intellectuel juif allemand sécularisé et l'artisan du shtetl galicien se retrouvaient dans le même camp d'extermination.

Au grand jeu des nations, comme dans celui des enfants, « il y en a une de trop ». Israël estime, à juste titre, avoir trop longtemps joué ce rôle. Il est simplement à souhaiter que désormais il ne soit plus assigné à aucun peuple.

7 décembre 2023

Et pourtant

Un souvenir récent, décembre ou janvier. Des manifestants encerclent notre Carrefour Market (*sic*). Stupéfaction, chacun d'eux tient une feuille de carton sur laquelle est écrit : « N'achetez pas dans ce supermarché, il vend des produits d'Israël ». La Pologne des années 1920 ? L'Allemagne des années 1930 ? Non, Bourg-la-Reine 2024. Rien à voir, donc. Et pourtant…

Un autre souvenir, plus ancien. Lors d'un colloque sur Philon d'Alexandrie, en Italie, il y a une trentaine d'années. Une survivante de la Shoah dit combien elle est bouleversée lorsqu'elle lit le texte philonien racontant le pogrom de 38 ap. J.-C., tant elle y retrouve ce qu'elle a elle-même vécu. Je partage sa souffrance tout en me disant qu'heureusement le cercle de la répétition est désormais brisé, qu'on ne massacrera plus jamais les Juifs parce qu'ils sont juifs, qu'Israël veille et qu'il est fort. Et pourtant… Plus récemment, lors d'une visite au Musée juif de Berlin, je tombe sur une vidéo dans laquelle Hannah Arendt raconte, à Günter Grass, je crois, l'aveuglement qui fut le sien et celui de son mari pendant les années qui précédèrent la guerre, incapables d'imaginer « non seulement le nombre des morts, mais – et cet ajout est essentiel – ce qui allait être fait aux morts ». Et pourtant… février 2024, les images tournent en boucle, d'une guerre où cette fois ce sont les Juifs qui sont en uniforme et leurs adversaires ceux qui incarnent la souffrance des populations majoritairement civiles. Et pourtant, domine toujours chez tant de Juifs le sentiment de la fragilité ontologique d'Israël, cette idée que, quelle que soit la force de ses armes, et elle est grande, ce peuple est destiné à côtoyer en permanence l'anéantissement. La violence inouïe du Hamas, les morts broyés, brûlés, les viols, les enfants torturés devant leurs parents et les parents devant leurs enfants, tout cela témoigne d'une haine littéralement insatiable, labyrinthique, à l'image de ces centaines de kilomètres de tunnels qui n'ont jamais protégé aucun civil, mais d'où la mort pouvait surgir, et a surgi à tout moment.

Face à ces similitudes et à ces différences, que faire du témoignage de Philon, vieux de deux mille ans ? Il raconte, avec des ressemblances saisissantes, le déchaînement de haine anti-juive qui, en 38, aboutit à la disparition d'une partie de l'importante communauté d'Alexandrie. Faut-il en conclure que, dans l'histoire juive, tout est recommencement, que l'Alexandrie du début de l'ère chrétienne, l'Espagne des bûchers de l'Inquisition, la Shoah, pour n'en mentionner que les épisodes les plus tragiques, sont, chacun avec ses spécificités, l'inscription historique de cette idée chère à Philon : Caïn ne meurt jamais (*De fuga* 64) ? La même idée est reprise, avec plus de force encore dans le *Quod deterius,* 178 : « On souhaiterait que ce soit le contraire qui arrivât, que le mal disparût et pérît sans qu'il n'en restât rien, mais en fait, il se ranime ». Comme en surimpression, le thème actuellement ressassé dans les médias, et dont les terroristes ont fait eux-mêmes un leitmotiv : « Israël ne pourra jamais venir à bout du Hamas ». Mais le même Philon exprime ailleurs avec force ailleurs sa conviction qu'un jour viendra où Israël et son Dieu seront reconnus par les nations. Entre la circularité de l'histoire juive, éternellement et toujours tragiquement répétée, et sa linéarité, de laquelle, il faut le souligner, le messianisme est quasiment absent, Philon ne choisit pas vraiment. Imprégné d'humanisme stoïcien, il ne peut pas admettre que la haine triomphera toujours. Et pourtant, tout ce qu'il voit autour de lui le pousserait à penser cela.

Comment cela s'est-il terminé ? Le pogrom de 38 suscita des réactions armées juives et une agitation permanente dans la région. La puissance dominante, Rome, essaya d'y mettre bon ordre, avec en 41 ce document extraordinaire, la lettre de Claude aux Alexandrins, incitant les uns et les autres à faire preuve de bonne volonté et à vivre pacifiquement ensemble. Autre similitude, au moins partielle, avec l'époque actuelle, les Juifs d'alors comptaient sur la bienveillance de leur unique soutien, cet empire qui, depuis César, s'était montré plutôt favorable à leur cause. Lorsque cet appui leur fit défaut et que Jérusalem fut prise en 70, ce fut le début de la fin de l'État juif. Le délicat Hadrien, cher à Marguerite Yourcenar, mena soixante ans plus tard une véritable politique d'extermination, décida que Jérusalem serait désormais Aelia Capitolina et que la Judée s'appellerait Palestine, nom dont on finirait par croire aujourd'hui, à entendre certains, qu'il serait originel, alors qu'il fut celui donné par un impitoyable colonisateur. À partir de

135 environ, la Judée devint quasiment « Judenrein » et rares sans doute étaient ceux qui, dans le monde Romain, pouvaient imaginer la renaissance d'un État juif. Et pourtant…

Février 2024

Carlos Lévy
Membre de l'Institut,
Académie des Inscriptions et Belles Lettres
Professeur émérite à la Faculté des Lettres
de Sorbonne-Université

La « haine des Juifs » dans l'œuvre de Flavius Josèphe

David Hamidović

Dans un monde multi-connecté, où la plupart des personnes n'ont jamais été autant informées par de multiples médias, anciens et nouveaux, être surpris d'un événement est devenu rare. Certes, il y a bien eu l'attentat du World Trade Center à New York, dont tout le monde se souvient de la date du 11 septembre 2001, mais c'était il y a plus de vingt ans et l'hyperconnexion était, au mieux, un horizon lointain. Les attentats du 7 octobre 2023 ont surpris tout le monde, y compris les spécialistes chevronnés du conflit israélo-palestinien. Il s'agit probablement du premier événement-choc dans une société surconnectée, parce que personne ne l'a prédit malgré la multitude des moyens de renseignement. A posteriori, des indices laissaient imaginer une telle préparation, mais personne ne les a assemblés pour les interpréter comme l'annonce d'un danger immédiat porteur d'une telle violence. Quelques mois après le 7 octobre 2023, nombre de personnes à travers le monde se remémorent avoir été dans un état de sidération ou de prostration pendant plusieurs jours voire plusieurs semaines. J'ai fait partie de ceux-ci arrimés à la télévision comme seule bouée pour tenter de comprendre.

Puis, les réflexes d'historien sont revenus. Le 6 octobre 2023, j'ai terminé un cours-bloc sur la Palestine à l'époque mamelouke

(XIIIe-XVIe siècle) par une étude de cas archéologique sur la ville de Gaza. Le hasard de ce cours a créé en moi comme une dissonance cognitive ; des étudiants m'ont écrit la même impression : une rencontre irréelle entre la connaissance et la barbarie. Ma sidération en a été décuplée et mon esprit d'analyse est resté en rade plusieurs jours. Je donnais aussi un cours hebdomadaire sur l'historien juif Flavius Josèphe, qui a vécu au premier plan la Première révolte juive contre les Romains entre 66 et 74 de l'ère chrétienne. Le cours insistait sur la rhétorique à l'œuvre chez Flavius Josèphe pour narrer les événements à sa façon et selon ses intérêts. C'est devenu un sujet classique pour lire son œuvre. Le 7 octobre 2023, au début du semestre d'enseignement, trouvait un fort écho avec le cours. Il ne s'agissait pas de tomber dans l'anachronisme ou de céder à l'émotion, mais d'analyser ce que signifie *percevoir un événement.* D'abord *ma* perception du 7 octobre 2023, c'est-à-dire prendre conscience de ma subjectivité en l'interrogeant, puis d'examiner *sa* perception de l'ennemi. Dans cette perspective, j'ai entrepris de relire des parties des œuvres de Flavius Josèphe pour voir comment il nomme les ennemis. On le sait, Flavius Josèphe a changé de camp au cours de la guerre contre les Romains ; il écrit toutes ses œuvres depuis Rome en tant que pensionné des empereurs flaviens. Les Romains ne peuvent être son ennemi en conséquence ; Flavius Josèphe n'a de cesse de dire qu'il rejette la révolte, dont l'issue est courue d'avance. C'est pourquoi ses ennemis sont les meneurs de la révolte – dont il a pourtant fait partie – et les groupes juifs qui ont voulu en découdre. Les prêtres, dont il revendique la filiation, sont décrits comme des conciliateurs et de farouches opposants à la révolte.

L'échelle de détestation

Au cours de la relecture des œuvres, j'ai remarqué avec surprise que Flavius Josèphe faisait un usage immodéré du mot « haine ». La haine, un mot-clé me semble-t-il, est, depuis le 7 octobre 2023, de part et d'autre et au-delà des belligérants, une perception qui se cristallise en sentiment. Flavius Josèphe écrit en grec. Même si son grec (ou celui de ses assistants) est souvent rudimentaire, il ne peut ignorer que la langue grecque peine à dire l'intime. À cet égard, il ne faut pas confondre un discours sur l'intimité et l'intimité personnelle, par définition, comme le note avec finesse Michel Casevitz[1]. Toutefois, ce dernier tente de cerner indirectement le champ lexical de l'intime en grec. Ainsi, il remarque que le verbe *misein*, « haïr », se distingue du verbe *stugein*, « abominer[2] ». Flavius Josèphe utilise près de cent fois le premier verbe et ses composés, alors que le second verbe est attesté à trois reprises dans l'œuvre.

La haine dans l'œuvre de Flavius Josèphe commence chronologiquement avec la *Guerre des Juifs* (abrégée en *BJ*), dès le deuxième paragraphe du livre 1. Le genre historiographique romain du Ier siècle a ses figures imposées. Parmi celles-ci, le dénigrement des historiographes en concurrence pour narrer les mêmes événements. Flavius Josèphe ne déroge pas en accusant ceux qui ont assisté aux événements mais qui ne les ont pas racontés fidèlement, selon lui, par « flatterie envers les Romains » ou par « haine envers les Juifs ». Il marque ainsi son positionnement et l'angle de son ouvrage, qui veut éviter les deux écueils. Il témoigne aussi de l'existence d'historiens animés d'une haine des Juifs. Flavius Josèphe fait état à plusieurs

---

1. M. Casevitz, « L'expression de l'intime et de l'intimité dans la langue grecque », *Champ psychosomatique* 27, 2002-2003, p. 123-126.
2. *Ibid.*, p. 125.

reprises de polémistes qui ne comprennent pas le judaïsme et les Juifs et qui les dénigrent jusqu'à les haïr. Une grande partie de son dernier livre, *Contre Apion*, rapporte leurs arguments et les réponses de Flavius Josèphe. Ces textes documentent les premiers propos antijuifs dans l'histoire[3].

Le terme « haine » permet aussi à Flavius Josèphe de classer les ennemis des Juifs. Au fil de son œuvre, il dresse ainsi une liste des puissants animés d'une haine des Juifs dans l'histoire. Dans cette catégorie, il range sans surprise le souverain séleucide Antiochos IV Épiphane, qui a dédié le Temple de Jérusalem à Zeus olympien en 167 avant l'ère chrétienne, selon *BJ* 1.40. Mais il n'utilise pas un composé de *misein* ; il préfère le nom *apektheias* qui signifie le « dégoût », la « répulsion[4] ». Le mot grec semble plus concret que le verbe *misein* qui s'apparente à un sentiment. Flavius Josèphe y voit peut-être un synonyme, à moins qu'il n'utilise une autre source où le mot figure, ou bien il établit des nuances dans la haine des Juifs.

Au paragraphe 103 du même livre, il fait état des habitants de Damas qui vouent une « haine » à l'endroit de Ptolémée, fils de Mennéos, souverain d'Iturée et de Chalcis, régions sises dans le Liban et l'Anti-Liban, près de la plaine de la Bekaa, vers 84 avant l'ère chrétienne. Le terme *misos*, « haine », est bien le sentiment qui anime les Damascènes.

Plus loin, au paragraphe 123, Flavius Josèphe rapporte la lutte fratricide entre les derniers Hasmonéens : Hyrcan II et Aristobule II. Lorsque ce dernier devient roi, l'Iduméen

3. Voir e.g., D. Hamidović, « Retour sur une polémique antique : le culte de l'âne ou de la tête d'âne dans le Temple de Jérusalem », dans *Dans l'antichambre. Pour un dialogue entre la pensée juive et la connaissance renouvelée du judaïsme ancien*, Paris, Hermann, coll. « Panim et Panim », 2021, p. 145-170.

4. Flavius Josèphe utilise le nom et les mots associés à la même racine une quarantaine de fois dans son œuvre.

Antipater, devenu l'homme fort de la région, cherche à rétablir Hyrcan II. L'histoire fait état d'une « haine antérieure » d'Antipater envers Hyrcan II. L'expression dérive du verbe *misein* : *palai diamisouménô*. En contexte, il s'agit de bien plus qu'une inimitié entre ambitieux. Au paragraphe 184, la haine dont Aristobule est victime jusqu'à l'empoisonnement se meut en *phthonos*, mot qui se traduit par une « jalousie », une « envie » jusqu'à l'animosité. Le terme semble qualifier la nature de la haine qui anime les opposants d'Aristobule II.

Ce premier sondage dans le début de l'œuvre de Flavius Josèphe révèle une certaine habilité de Flavius Josèphe à manier le vocabulaire de l'intime, du moins celui afférant à la haine. L'historiographe juif entre dans la nuance chère au lexique grec pour transmettre les sentiments des uns à l'encontre des autres. De même, le verbe *misein* et ses dérivés semblent à la fois le climax pour qualifier la haine et un terme générique assez abstrait.

La haine des Juifs chez les peuples environnants

En plus des obscurs personnages bibliques haïs dont le récit des *Antiquités juives* est parsemé, et des hommes illustres profondément détestés à l'instar d'Hérode le Grand, des populations sont qualifiées de haineuses à l'égard des Juifs. Ainsi dans les prodromes de la révolte juive contre les Romains, le massacre des Juifs à Césarée, et en d'autres localités, suscite des représailles juives à l'encontre des « Syriens » qui, eux-mêmes, égorgent les Juifs rencontrés selon *BJ* 2,461. Du chaos, Flavius Josèphe explique qu'ils n'étaient pas seulement mus par la « haine » (*misos*) comme auparavant, mais par la prévention d'une attaque des Juifs contre eux[5]. Néanmoins, après la révolte, il qualifie

5. Voir aussi *BJ* 2.478.

seulement les Syriens d'« ennemis » avec le mot *polemios* (au singulier) en *BJ* 7,367. Il se place ainsi sur le plan militaire ou guerrier plutôt qu'une appréciation émotionnelle du conflit.

Les Alexandrins d'Égypte vouent aussi une haine envers les Juifs selon *BJ* 2.498. L'origine d'une telle hargne se trouve dans la fuite des Hébreux d'Égypte sous la conduite de Moïse selon les *Antiquités juives* 2,254 et le *Contre Apion* 1,224. De plus, les auxiliaires de l'armée romaine, habituellement des non-Romains, pallient leurs incompétences militaires par la haine des Juifs qui leur donne du courage au combat selon *BJ* 2.502. Cependant, les Samaritains dans les *Antiquités juives* 11,114 expriment (seulement) de l'*apektheias* envers les Juifs, c'est-à-dire un certain « dégoût ». Flavius Josèphe semble faire usage de sa grille de lecture de la haine pour classer les populations environnantes dans leurs relations aux Juifs à l'orée de la première révolte juive.

Devenus les ennemis directs des Juifs, les Romains sont déclarés haïr l'*ethnos* juif en *BJ* 3.133. Une telle audace chez Flavius Josèphe surprend, car il ménage habituellement les Romains. Il faut peut-être y voir l'expression d'un fort ressentiment antijuif de la part de toutes les populations de la Méditerranée orientale, y compris les Romains. Plus assurément, Flavius Josèphe semble restituer le sentiment des élites romaines contraintes de déclencher une guerre dans une région pourvoyeuse d'argent pour le nouvel empire et ses prétendants. Toutefois, dans le discours d'Eléazar, un des derniers rebelles juifs reclus dans la forteresse de Massada, celui-ci n'utilise pas le mot « haine » pour qualifier le sentiment des Romains à l'endroit des Juifs, mais le terme grec *ekthistos* qui signifie « très hostile ». Le mot semble déchargé de l'affect contenu dans la haine, ce qui est curieux dans un discours censé jouer sur la fibre émotionnelle pour convaincre les derniers révoltés de se suicider. Il est loisible de comprendre que Flavius Josèphe, même dans cette situation extrême, ne veut pas offusquer les Romains vainqueurs, lui qui vit sous la protection des empereurs flaviens à Rome[6]. Par ailleurs, la haine des Juifs est circonscrite aux soldats romains qui refusèrent d'éteindre l'incendie du Temple de Jérusalem en *BJ* 6,263 ; elle imprègne aussi les gardiens des Juifs prisonniers à l'issue de la révolte, parce qu'ils les laissaient mourir de faim selon *BJ* 6,419. Comme souvent dans son œuvre, Flavius Josèphe est sur un fil, entre sa volonté de ne pas stigmatiser les Romains et son souhait de démontrer sa fidélité aux Juifs. Ainsi, au paragraphe 556 du livre 5, il refuse que les Romains soient les boucs-émissaires de la haine des Juifs, car les Syriens et les Arabes profitent de la révolte pour s'enrichir, quitte à éventrer les Juifs ayant avalé leurs pièces d'or pour ne pas les donner. Hors du contexte de la révolte juive, Flavius Josèphe explique aussi la guerre des Germains contre Rome par leur haine de la servitude selon *BJ* 7,78. On peut se demander si Flavius Josèphe ne parle pas à mots couverts de la guerre des Juifs contre les Romains en livrant l'opinion des Juifs sur les Romains.

Du vice à la polémique

On peut se demander si la haine des Juifs dans l'œuvre de Flavius Josèphe s'apparente à un vice auquel les populations voisines ont cédé. Flavius Josèphe tourne le motif de la haine appartenant à l'intime en reproche contraire aux vertus qui

---

6. Il peut aussi s'agir d'un argument en faveur de l'écriture du discours d'Eléazar par Flavius Josèphe lui-même, a posteriori, pour la dramaturgie de la révolte. Voir T. Rajak, « *Josephus, Jewish Resistance and the Masada Myth* », dans *Revolt and Resistance in the Ancient Classical World and the Near East. In the Crucible of Empire*, J.J. Collins – J.G. Manning (eds.), Leyde, Brill, coll. « Culture and History of the Ancient Near East » 85, 2016, p. 219-233.

doivent dicter la conduite de chacun. Il se situe dans une perspective aussi philosophique qu'historiographique en insistant sur la haine comme un vice occasionnant des exactions. Avec ce vocabulaire, il insiste sur les causes internes au judaïsme pour expliquer la révolte contre les Romains. Ainsi, le verbe *misein* et ses dérivés deviennent très fréquents pour qualifier les relations politiques sous les Hasmonéens puis les Hérodiens. Il veut signifier que le chaos menant à la révolte juive est le fait d'une déshérence politique juive les siècles précédents. La haine entre les élites juives aboutit à une situation insurrectionnelle qu'il qualifie de *staseis*, c'est-à-dire une sorte de guerre civile. En conséquence, les Romains apparaissent exonérés de toute responsabilité ; leur haine des Juifs proviendrait de l'impérieuse nécessité de rétablir l'ordre public dans la région. Les Juifs ont cédé au vice de la haine entre coreligionnaires.

Dans le dernier livre de Flavius Josèphe nommé *Contre Apion* (CA), la haine des Juifs n'est plus l'apanage des peuples étrangers ou de querelles intestines juives mais l'œuvre de polémistes égyptiens et grecs auxquels Flavius Josèphe entend répondre. Avant de défendre les Juifs, il veut contrer les accusations contre son travail par « certains animés d'hostilité (*dusméneia*) » au livre 1, paragraphe 2. Le premier de ses fâcheux est l'Égyptien Manéthon, qui a réécrit l'histoire de Moïse. Flavius Josèphe ne le dit pas motivé par la haine mais par le « dégoût » (*apektheias*) des Juifs selon CA 1.287. Il lui reconnaît la qualité d'avoir utilisé des annales avant d'accorder honteusement du crédit à des légendes. Puis vint Lysimaque en CA 1.305, qui ne jouit d'aucun crédit, puisque son travail est qualifié de « profond dégoût » (*pollène apektheian*). Apion à Alexandrie en CA 2.32 hérite du « dégoût » (*apektheias*) des Juifs, proféré par les habitants. Bien que conservée seulement en latin, la locution *Iudaeorum odium* semble synonyme du « dégoût des Juifs » plutôt que la « haine des Juifs ». En choisissant ce mot, Flavius Josèphe pointe l'attitude de ces polémistes et ceux qui adhèrent à leur discours ; il ancre le débat sur le ressenti plutôt sur une opposition philosophique entre le vice et la vertu. La haine devient palpable.

Contrairement à ce que dit Apion d'une rivalité des Juifs et des Grecs, Flavius Josèphe explique qu'Apion ment en CA 2.123 et que les Juifs n'ont aucune *ekhthra*, « haine », « inimitié », à l'encontre des Grecs. Il utilise le mot *misos* en CA 2.233 pour expliquer que les « vainqueurs », donc les Romains sans les nommer, n'avaient pas de « haine » contre les Juifs. Dans la dernière partie du livre, Flavius Josèphe synthétise sa réponse et reprend les catégories philosophiques afin de dédouaner les Juifs et de saper les fondements de la haine des Juifs. En conclusion en CA 2.291, Flavius Josèphe précise que le suivi des enseignements de la loi juive permet de vivre avec « piété » (*eusébéia*), de rejeter la « misanthropie », la « haine de l'humanité » (*misanthrôpia*), et de pratiquer la « mise en commun » des biens (*koinônia*). Il entend ainsi avoir montré que les Juifs ne peuvent être accusés de misanthropie[7] et qu'en conséquence, rien ne justifie une haine des Juifs en retour. La longue histoire de l'antijudaïsme n'en était qu'à son début. Comme l'écrit Flavius Josèphe dans les *Antiquités juives* 16,175 après avoir cité des lois romaines locales favorables aux Juifs : « J'ai souvent fait mémoire de ces faits pour réconcilier les nations à nous et pour écarter les causes de la haine qui ont pris racine parmi les sots chez nous comme chez eux. »

David Hamidović
Université de Lausanne

7. Voir Katell Berthelot, *Philanthrôpia judaica. Le débat autour de la 'misanthropie' des lois juives dans l'Antiquité*, Leyde, Brill, coll. « Supplement to the Journal of Jewish Studies » 76, 2003 ; K. Berthelot, « Hécatée d'Abdère et la "misanthropie" juive », Bulletin du Centre de recherche français à Jérusalem 19 (2008).

Singularité et répétition : que dire à partir de l'histoire juive ?

Pierre Savy

Considérer l'histoire juive conduit à poser sur la question de la singularité du massacre du 7 octobre un regard prudent[1]. Une prudence qui, précisons-le aussitôt (précision superflue, peut-être, mais préférable à l'ambiguïté), ne signifie pas la négation de l'extrême gravité de l'événement et n'exclut ni n'entrave de fortes réactions, de condamnation sans réserve, tout d'abord, mais aussi, sur un plan plus émotionnel, de stupeur, peut-être, et d'affliction ou d'effroi, assurément.

Il n'en reste pas moins qu'une certaine prudence découle de la lecture des sources qui énumèrent ou racontent les persécutions dont les Juifs ont été les victimes : dans l'historiographie juive médiévale, on pense aux textes composés après les massacres perpétrés durant la première croisade, en 1096[2], mais on trouverait mille autres exemples, y compris de plus récents.

---

1. J'ai discuté de ce texte (dont je porte l'entière responsabilité) avec Julie Rebecca Poulain : qu'elle soit remerciée pour sa lecture pénétrante et ses remarques précieuses.

2. Sur les événements dont nous parlons dans ce texte (croisades, ghetto, émancipation, etc.), nous nous permettons de renvoyer aux contributions que nous avons réunies dans *Histoire des Juifs. Un voyage en 80 dates, de l'Antiquité à nos jours*, Paris, Presses universitaires de France, 2020 ; sur 1096, voir Elsa Marmursztejn, « 1096. Dans la vallée du Rhin. Les massacres de la première croisade », p. 185-190.

L'histoire juive offre à ses lecteurs de nombreuses raisons de verser des larmes. Nous pensons à la « conception lacrymale » (ou larmoyante) de l'histoire juive dénoncée jadis par Salo Baron[3], dans un texte fameux et plus complexe que la lecture que l'on en fait parfois ou, plutôt, que la lecture que l'on n'en fait pas quand on croit trop vite qu'il s'agissait d'affirmer que l'histoire des Juifs avait, en général, été dépeinte dans une couleur trop sombre. En fait, dans cet article de jeunesse provocateur (sur lequel il revint plus tard dans sa carrière), Baron insistait plutôt sur les époques (« ghetto » et « émancipation ») et sur la rupture majeure dans l'histoire juive : le passage du premier temps long de l'histoire juive (celui du « ghetto », soit une longue époque médiévale courant jusqu'au XVIIIe siècle), qu'il réhabilitait, au second, le temps de l'« émancipation », dont il mettait en avant les renonciations qu'il avait imposées et les souffrances qu'il avait entraînées[4]. Or on verra que cette insistance sur les époques et les ruptures peut nous inspirer ici.

Mais revenons à la recherche de la singularité : la réaction au 7 octobre, sujette à des effets de proximité et d'empathie qui ont tôt fait de le rendre singulier parce qu'il nous affecte comme nul autre, ne doit pas empêcher le travail de l'historien, qui consiste à porter sur ce massacre un regard s'efforçant d'y déceler similitudes et différences, de mettre en avant la part de la singularité et celle de la répétition. Or l'« inventaire des

---

3. Voir Salo BARON, « Ghetto and Emancipation », *The Menorah Journal*, 14, 1928, p. 515-526.

4. On lit que si, au temps du ghetto, *« social exclusion from the gentile world was hardly a calamity », a contrario « it is clear that Emancipation has not brought the Golden Age »*. On consultera avec profit la discussion approfondie des thèses de Baron dans le premier chapitre de Pierre BIRNBAUM, *Les larmes de l'histoire. De Kichinev à Pittsburgh*, Paris, Gallimard, 2021 (« Salo Baron, la *goldene medine* et le refus de l'histoire lacrymale », p. 19-56).

différences », pour emprunter à Paul Veyne un titre fameux[5], livre une maigre récolte : les violences aux temps médiévaux et modernes étaient elles aussi tournées contre des civils (du reste, faute d'État juif souverain, il n'y avait alors parmi les Juifs que des civils). Elles étaient elles aussi atroces, frappant indifféremment hommes, femmes et enfants, sans considération pour une supposée hostilité de leur part à l'égard du christianisme, du genre humain ou de la société majoritaire ; s'agissant des événements de 1096, on a montré, en particulier, qu'il était faux de croire tous les meurtres causés par l'obstiné refus du baptême de la part des Juifs[6]. Elles firent elles aussi de nombreuses victimes (il semble que plus de 1 100 Juifs furent tués à Mayence, en 1096). Elles étaient elles aussi parfois commises par des gens qui pensaient ou prétendaient agir avec de pieuses intentions. « Elles aussi… » : on pourrait poursuivre cette évocation démontrant que, dans une certaine perspective, elles n'ont rien à envier à celles du 7 octobre qui, du même coup, semble perdre sa singularité. Qu'il suffise pour l'établir de citer ici quelques lignes des *Persécutions de 1096*, la chronique d'Éliézer ben Nathan (vers 1090-1170) :

> Le 23 iyyar [18 mai 1096], les loups des steppes [les croisés] attaquèrent la communauté de Worms. Certains membres de la communauté étaient chez eux et d'autres dans la cour de l'évêque. Les ennemis et oppresseurs fondirent sur les Juifs qui se trouvaient chez eux, ravageant tout, assassinant hommes, femmes, enfants, jeunes et vieux. Ils détruisirent les maisons et abattirent

5. Voir Paul Veyne, *L'inventaire des différences. Leçon inaugurale au Collège de France*, Paris, Seuil, 1976. Par la suite, Veyne a entièrement rejeté les positions qu'il y défendait.
6. Sur ce point, voir par exemple David Malkiel, « Destruction or Conversion : Intention and Reaction, Crusaders and Jews, in 1096 », *Jewish History*, 15, 3, 2001, p. 257-280.

les escaliers, pillant et saccageant ; et ils s'emparèrent de la sainte Torah, la piétinèrent dans la boue des rues, la déchirèrent et la profanèrent au milieu des moqueries et des rires. Ils dévorèrent Israël à pleine bouche, disant : « Ce jour que nous espérions, nous l'avons atteint, nous le tenons ! [Lamentations 2, 16] »

Sans doute le 7 octobre 2023 a-t-il pourtant de fortes caractéristiques, comme la simplicité de ses moyens combinée à son extrême et stupéfiante efficacité, à son effroyable succès que constituent les pertes en vies humaines infligées ce jour-là à Israël mais aussi l'invraisemblable soutien reçu d'une partie minoritaire mais non nulle du monde occidental (« succès » n'étant ici qu'une façon de parler si l'on songe à la destruction et à la douleur causées par l'attaque et par la guerre qui a aussitôt commencé à Gaza[7]). Reste que ce succès ne constitue pas une singularité : il est d'autres entreprises historiques de destruction des Juifs qui ont été couronnées de succès, à commencer par celle qu'ont perpétrée les Allemands et leurs alliés au XXe siècle (événement dont la singularité et l'unicité ont été abondamment discutées, en particulier dans les années 1980 et 1990). En outre, un effort de penser l'événement s'impose ici : une singularité n'est que trop facile à construire quand on inclut dans la définition d'un événement des traits circonstanciels. En somme, tout événement est unique et il n'y a aucun intérêt à prouver que le massacre commis le 7 octobre en 2023 en Israël par le Hamas est singulier parce qu'il est le massacre commis le 7 octobre en 2023 en Israël par le Hamas.

Alors, « rien de nouveau sous le soleil », l'étonnant est que l'on s'étonne[8] et l'événement prend place dans une longue

---

7. Riposte aérienne aussitôt, intervention terrestre à partir du 13 octobre.
8. C'est l'idée dont part Ruben HONIGMANN, « Les Juifs m'étonnent », *K. Les Juifs, l'Europe, le XXIe siècle*, 1er novembre 2023, voir le site : https://k-larevue.com/les-juifs-metonnent/.

série ? Pas tout à fait si l'on s'efforce de le considérer avec un sens aigu des situations dans le temps.

Premièrement, il s'agit d'époques. Avec le récit de la sortie d'Égypte, la tradition juive nous donne un exemple paradigmatique de violences insoutenables perpétrées contre les Hébreux par Pharaon. L'épisode est rituellement actualisé chaque année à Pâques : « À toute génération, l'homme doit se voir comme s'il était sorti d'Égypte[9]. » Injonction difficile à mettre en œuvre : les massacres antiques ou médiévaux n'ont pas été commis dans mon époque et m'interpellent donc différemment, voire moindrement. On aperçoit ici le paradoxe d'une évolution en forme de ciseaux : la liturgie juive au sens le plus large du mot est close ou presque close. Les Juifs récitent bien, aux jours sombres de l'année, des poèmes liturgiques (*piyyutim*) pour commémorer la Shoah, comme on en récite pour les massacres des croisades, mais leur caractère nécessaire dans la liturgie est moins assuré que celui des textes plus anciens : c'est que, depuis l'Antiquité, les instances religieuses ont connu une forme de repli progressif avec la destruction du Temple et la fin du Sanhédrin. Moins de sacralité pour les épisodes récents (dans le même sens, mais de façon positive, on pourrait d'ailleurs évoquer la place débattue de l'histoire de l'État d'Israël dans la liturgie contemporaine[10]), mais, quand il s'agit d'événements malheureux, davantage de peine. Ou en d'autres termes : on célèbre parfois avec plus de solennité des événements qui nous bouleversent moins. Placé dans l'histoire de l'humanité, l'événement se dissout dans une série : mais cette

9. Mishnah *Pessaḥim*, 10, 5, reprise dans la Haggadah de Pâque.
10. Nous pensons à l'insertion dans l'année rituelle de journées spécifiques commémorant notamment la Shoah (*Yom ha-Shoah*), la déclaration d'indépendance de l'État d'Israël, en 1948 (*Yom ha-ʿatsmaout*), ou même la reconquête de Jérusalem, en 1967 (*Yom Yeroushalayim*).

réduction est trop anhistorique pour avoir de sens véritable, de résonance personnelle, pour quiconque y réfléchit un instant. Le 7 octobre est dans mon époque : dans celle-ci, il paraît terriblement singulier.

Le deuxième trait distinctif, indissociable du premier, est constitué non plus par le temps, mais par l'espace où a été commis le massacre : Israël. Le débat sur le terme le mieux adapté pour le décrire est d'ailleurs révélateur : s'il a beaucoup du pogrom, il diffère de lui parce qu'il est commis chez l'ennemi, chez un ennemi plus puissant que son agresseur, sur un territoire qu'il n'a pas été question de conquérir, du moins ce jour-là. Un raid destructeur frappant indifféremment toutes les personnes possibles. Au contraire du pogrom, qui est perpétré chez soi, par des gens appartenant à la majorité de la population, contre des plus faibles. Ce qui donne un terrible écho au 7 octobre est qu'il achève de faire voler en éclats l'idée d'une sécurité juive proposée par l'État-refuge. La certitude qu'une époque nouvelle avait été inaugurée par cet espace politique nouveau a été grièvement atteinte ce jour-là.

Singulier dans mon époque parce que commis dans un espace où cela ne pouvait plus être et, même, grâce auquel cela ne pouvait plus être. À moins – et nous ne trancherons pas ce point, indécidable sinon par la sensibilité de chacun – qu'il faille, plus pessimiste, dire précisément le contraire : que, loin d'être isolé dans mon époque, le 7 octobre démontre que, malgré 1948, nous n'avons pas changé d'époque.

Pierre Savy
Université Gustave Eiffel

Le Juif au miroir

ASTRID VON BUSEKIST,
MARC SADOUN

Écrit au pluriel, l'événement désigne un fait, sinon mineur, du moins de moindre importance. On parlait ainsi des événements d'Algérie pour masquer le caractère révolutionnaire du soulèvement. Écrit au singulier, le mot souligne la rupture qu'il marque entre l'avant et l'après. Il a fallu plusieurs années pour que les deux guerres mondiales bouleversent l'ordre du monde ; un jour a suffi pour que la chute du mur de Berlin le recompose. Quel jour ? On ne saurait dire exactement. On dira « la chute du Mur », mais on ne précisera pas la date comme on le fait lorsqu'on rappelle les grandes victoires – le 11 novembre, le 8 mai – ou les grands drames – le 11 septembre, le 7 octobre. Nul besoin de préciser l'objet, la date condense l'événement. Elle rompt l'ordre linéaire du temps, l'infinie répétition du même et rappelle à chacun que les affaires des hommes ne sont pas ordonnées par la nature, ou par Dieu.

Le 7 octobre désigne-t-il ainsi l'événement incontestable ? Mémorisée, la date le dit : alors, sont entrés en Israël des groupes d'individus qui ont attaqué des lieux – kibboutzim, camps militaires, simples maisons – ont tué ou enlevé ses occupants. Si ces mots, vagues, peuvent, imparfaitement, faire consensus, ils ne suffisent pas, à l'évidence, à désigner ce qui fait événement. Régulièrement, Israël fait face à des attaques, des incursions, des assassinats qui, en dehors des cercles étroits de la famille, des amis ou du quartier, se perdent dans la mémoire. Malgré le nombre de victimes, l'attentat du Dolphinarium de Tel Aviv n'a pas laissé de traces analogues à celles du Bataclan. Pour grimper au plus haut de l'échelle, il faut autre chose, d'autres mots : parler non pas d'individus mais de terroristes, non pas simplement d'occupants mais de Juifs, non pas simplement d'attaques mais de pogrom ou comme certains l'ont dit au début, de Shoah par balles. Il faut, par le mot, individualiser. Et lorsqu'il s'agit d'individualiser, le consensus se défait.

Pourquoi est-il si difficile de spécifier ? Parce qu'un combattant qui défend une juste cause ne peut pas être qualifié de terroriste ? Parce qu'un État souverain ne peut pas revendiquer le statut de victime ? Parce que ce qui est spécifique ne peut pas être appliqué à d'autres lieux ou à d'autres temps ? Ou parce que, dans ce monde où les places sont rigoureusement assignées, les Juifs ne peuvent pas revendiquer un statut d'emprunt ? On l'a souvent dit, l'ordre de la politique est, comme celui du social, des sexes ou des « races », compris sous le signe de la domination : dans cet ordre immuable, les rôles ne s'inversent pas. Ancienne, l'histoire s'est fixée au XIXe siècle : par l'argent, le pouvoir ou la ruse, le Juif est celui qui domine, il en a toujours été ainsi et, si la règle a paru, un temps, suspendue, elle s'est à nouveau imposée avec la création de l'État d'Israël. Celui qui domine ne peut pas endosser l'habit de la victime.

Ainsi compris, le 7 octobre n'est pas identifié comme un événement par les uns et par les autres. D'un côté, par tous ses traits, compris comme une césure dans l'histoire d'Israël et comme une répétition dans l'histoire des Juifs, il est, de l'autre, rangé dans le tiroir qui déborde des luttes coloniales, sociales et raciales. Dira-t-on que l'affaire est au fond banale, analogue à celles que l'on observe dans d'autres lieux et d'autres temps, que les vainqueurs n'ont jamais écrit l'histoire de la même manière que les vaincus ? Ou, au contraire, que l'intrigue est ici à la fois complexe et particulière ? Complexe parce qu'elle résiste aux classifications habituelles : droite/gauche, Nord/Sud, dominant/dominé. Particulière parce qu'elle ne permet pas de lecture commune. Il est ici question de l'identité contrariée du Juif dont le miroir renvoie une image trouble : l'image qu'il voit n'est pas celle que lui assigne le tout autre. Le Juif peut avoir un nom, une carte, un territoire, mais son identité est discutée.

Comme chacun ? Tout individu est à l'évidence un composé original d'auto-identification et d'assignation, de naissance et d'expériences, de rencontres qui le façonnent et le transforment. Son identité ne lui appartient qu'en partie. Qu'il conserve la marque de ses origines ou qu'il cherche à y échapper, il n'est pas seulement ce qu'il veut être. Le converti a, dans la tradition juive, une valeur supérieure, plusieurs fois affirmée par les textes, mais sa reconnaissance est dans les faits souvent disputée. Le Moderne peut à son gré se déplacer, changer de statut, de sexe ou d'apparence, mais ses mouvements butent sur les barrières, visibles ou invisibles, que dresse la société ou le groupe d'appartenance.

Coleman Silk, le héros de *La Tache*, n'échappe pas, comme le dit Philip Roth, à l'emprise du « nous » qui l'absorbe et l'enferme. Il incarne pourtant une identité-désir, un espoir et un pari social : ne plus être qui je suis, me permettra d'être qui je veux être et qui je suis réellement. Je serai qui j'ai voulu être. Hannah Arendt ne peut pas, en 1959, énoncer un jugement hétérodoxe sur Little Rock et la fin de la discrimination privée sans être accusée de racisme et renvoyée à sa condition de femme blanche, juive qui, du haut de son savoir, dit à la victime ce que l'égalité veut dire. Dans les deux cas, il est question de Juifs et de domination. Juifs par naissance ou par choix et, en toute hypothèse, dominants par leur métier ou par leur condition, Silk et Arendt ne peuvent pas énoncer une parole libre de toute attache et il ne leur est pas loisible de rappeler, l'un qu'il est noir et indifférent aux races, l'autre qu'elle est libérale et sensible à la cause noire.

Théoricien de la domination, Pierre Bourdieu a souligné la complexité du réel : un individu peut être en toutes choses dominant, mais il peut être aussi à la fois dominant et dominé, dominant par exemple sur le plan culturel mais dominé sur le plan économique. Le phénomène s'observe en de multiples lieux, parfois de manière inversée, mais il semble que le jugement perde de sa consistance lorsqu'il s'applique aux Juifs. Il n'est plus alors question de différentes formes de capital, de plans qui se croisent et s'opposent, reste seulement la domination brute de ceux qui en tous lieux s'imposent.

Hier simplement Juif, aujourd'hui Israélien, le coupable se reconnaît désormais dans le visage disharmonieux du sioniste, que l'on peut désigner sans crainte de l'opprobre. Produit d'une patiente construction sociale de la domination, ce raccourci marque la sortie du paradigme paria et parvenu qui pouvait encore se lire il y a peu dans les identités composées de cet être : Juif français ou Français juif par exemple.

Le parvenu est celui qui entre par effraction dans une communauté où il n'a pas sa place, où son intégration est superficielle et inaboutie, où il court constamment le risque d'être démasqué et renvoyé à sa condition. Il est mineur. Le *paria*, juif pourtant « émancipé » du XIXe siècle, est également étranger aux sociétés européennes. Lui aussi trompe son monde puisqu'il ne peut plus être identifié avec assurance. À la fois craint et jalousé, le Juif n'est jamais pleinement adopté et libre d'être ce qu'il voudrait être. Le parvenu et le paria ont en commun leur rapport impossible à l'histoire, comme le dit Arendt[1]. Pour vivre dans

1. Voir Hannah ARENDT, *La crise de la culture,* trad. P. Lévy, Paris, Gallimard-Folio, 1989 ; *Les Origines du totalitarisme*, trad. de l'anglais par M. Pouteau et H. Frappat, Paris, Gallimard, 2002 [1951], p. 100 et sq.

le présent, ils doivent effacer la tradition, mais en effaçant la tradition, ils sont sommés de rompre avec leur communauté.

Majeur, le sioniste est au contraire à la fois ancré dans son histoire et pleinement responsable de ses actes. Il ne correspond plus au paria conscient que décrit Bernard Lazare, doublement exclu ou, au mieux, dans l'entre-deux. Il se reconnaît dans la figure extrême du colon qui à la fois occupe les terres des Palestiniens et les dépossède de leur nom : les Palestiniens n'ont jamais existé, disent les extrêmes de la politique israélienne ; ces terres qu'ils revendiquent sont celles de la Judée-Samarie, disent, au-delà des extrêmes, ceux qui remontent aux sources de l'histoire juive. Dans cette nouvelle configuration, le sioniste ne peut plus monnayer (si l'on peut dire) la carte de ses origines, lointaines (les premiers projets de Sion) ou plus récentes (la Shoah). Inutile de rappeler que ses guerres étaient (aussi) défensives et ses projets (aussi) pacifiques. Il reste la figure la plus contemporaine des luttes que le gros mène contre le peuple, celles du riche contre le démuni, du souverain contre l'exclu, du colonial contre le colonisé. Dans ce nouveau stéréotype, il n'y a pas de place pour le dominé. Le Juif est l'archétype du dominant-dominant.

Il serait cependant injuste de généraliser le constat. Confrontés au 7 octobre, l'opinion et les dirigeants n'ont généralement pas repris le jugement porté sur un peuple d'élite décidément « sûr de lui-même et dominateur », mais, dans la difficulté à désigner la victime, à qualifier l'événement, à en préciser le caractère unique, il est bien question de l'identité du Juif sommé à la fois de se démasquer (quel Juif es-tu ?) et de se masquer (on peut tout accorder au Juif à condition qu'il cesse d'être Juif).

Le 7 octobre a permis aux Juifs de convaincre les plus bienveillants que l'antisionisme est une forme d'antisémitisme, mais il n'a pas pour autant restauré la figure positive du sioniste.

L'anti-anti-ethnocentrisme, disait Rorty[2], est une réponse au dilemme libéral : il lui permet d'être à la fois agent de l'amour et de la justice. Dira-t-on de même de l'anti-anti-sionisme ? Que l'attachement à la justice pour les Palestiniens ne se conçoit pas sans l'amour des Juifs ? Il faut bien en convenir, après le 7 octobre, les jugements se sont davantage exprimés sur le mode restrictif plutôt que positif : « oui mais » plutôt que « à la fois » : oui, l'attaque du Hamas est une barbarie, mais elle ne justifie pas la répression d'Israël. Dans la parole du locuteur, le « mais » n'ouvre pas sur l'enrichissement, il ôte à la première proposition ce qu'il accorde à la seconde. Un sioniste, en somme, ne peut pas être pleinement bon. L'anti-anti-sionisme ne produit pas nécessairement chez celui qui l'endosse un sionisme.

L'après 7 octobre signe le retour spectaculaire de l'antijudaïsme et dévoile toutes les contradictions de la lutte pour l'égalité et la reconnaissance. Événement, pour les Juifs ; événements au pluriel vague pour les autres, le 7 octobre est avalé par le temps court de l'histoire et, dans ce mouvement, l'identité des Juifs a été amputée de toutes ses nuances.

Astrid von Busekist
Professeure à l'Institut d'études politiques de Paris

Marc Sadoun
Professeur émérite des Universités

---

2. Richard Rorty, *Objectivisme, relativisme et vérité*, Paris, PUF, 1994.

Un massacre, des massacres : les archives du 7 octobre et la mémoire

Frédérique Leichter-Flack

Le massacre du 7 octobre s'est révélé petit à petit[1]. Il a fallu plusieurs semaines, au fil de l'identification progressive des nombreux corps retrouvés dans les villages et les champs du sud d'Israël, pour pouvoir en donner un bilan chiffré[2]. On a vu progressivement plus clair sur le déroulé de l'opération, les actes de violence commis, y compris les violences sexuelles infligées aux jeunes filles, et les modalités de mises à mort. Il a été rapidement possible de faire le récit kaléidoscopique des différents massacres opérés sur différents lieux en parallèle, et d'en proposer une sorte de reportage rétrospectif comme s'y sont attelés plusieurs grands journaux. Un jour avant qu'Israël ne se présente à La Haye pour répondre aux accusations de génocide de l'Afrique du Sud, la Direction nationale de la diplomatie publique a annoncé la création d'un nouveau site web, « *Oct. 7 2023, Hamas Massacre : Documentation of Crimes*

1. L'article « Un massacre des massacres, les archives du 7 octobre et la mémoire » a été publié en ligne dans la revue « K » le 22 novembre 2023.
2. Un mois après le massacre, au fil de la progression du travail médico-légal sur les restes humains recueillis sur place, des familles de personnes disparues estimées otages à Gaza continuaient à apprendre la mort de leurs proches le 7 octobre.

Against Humanity » (7 octobre 2023, massacre du Hamas : documentation sur les crimes contre l'humanité[3]).

Archives immédiates

De fait, peu de massacres dans l'histoire récente du monde sont plus factuellement documentés que celui commis le 7 octobre dans le sud d'Israël. Trois sources principales ont permis à ce stade la reconstitution de l'événement.

La première est le matériel vidéo tourné par les hommes du Hamas eux-mêmes, avec leurs téléphones portables, ceux de leurs victimes, ou les caméras go-pro dont ils s'étaient équipés. Ce sont les premiers documents à avoir circulé, quasiment en temps réel, sur les réseaux sociaux ; en même temps que les appels à l'aide reçus sur *WhatsApp* par les familles des habitants des kibboutz piégés dans les abris de leurs maisons envahies, diffusés eux aussi en direct parfois jusqu'à la télévision nationale. Captées et montrées dans le but de terroriser la population israélienne, les vidéos ont, en outre, été un instrument singulier de torture psychologique, puisque c'est au travers de ces images que des familles en ont été réduites à identifier les êtres chers dont elles restaient sans nouvelles, à tenter de deviner leur sort en guettant un signe de vie.

La deuxième source de documentation du massacre est l'ensemble des traces laissées sur les lieux et à même les cadavres progressivement retrouvés sur place : décryptées par les équipes médico-légales à pied d'œuvre depuis plusieurs semaines pour identifier les victimes, ces traces permettent de déchiffrer sur les corps les sévices subis par les victimes. Plus largement, le

3. Voir le site Saturday-october-seven. Les images contenues dans ce lien sont très violentes (NdE).

spectacle laissé par le massacre une fois les tueurs repartis, a été directement vu sur place, souvent sans préparation, par un grand nombre d'Israéliens, jeunes militaires du contingent et équipes de secouristes.

La troisième archive du massacre est la collecte de témoignages des survivants et des équipes de secours arrivées les premières sur les lieux. Une multitude d'initiatives spontanées, émanant de la société civile, et en particulier de jeunes et d'étudiants des universités israéliennes, ont en effet très vite émergé en ligne, dès le lendemain du massacre : enregistrer les récits des témoins, les publier sur des pages Instagram, les sous-titrer, parfois en plusieurs langues, quand la quasi-totalité des témoignages de rescapés et de sauveteurs sont évidemment en hébreu, telle a été l'urgence qui s'est imposée et a été solennellement partagée dans un pays entièrement sous le choc où, par le fait des liens de proximité et surtout de l'immédiateté des réseaux sociaux distributeurs d'images et de sons, tout le monde ou presque se retrouvait, de près ou d'un peu moins près, en position de témoin du massacre, avec les conséquences psychologiques que l'on imagine sur tout un pays[4].

---

4. Sans compter aussi les captures d'images fournies par les caméras de surveillance installées dans certains des lieux assaillis. Une quatrième source potentielle, qui n'est bien sûr pas exploitable publiquement, mais dont certains éléments ont fini par être partagés, est constituée des interrogatoires effectués par l'armée israélienne, des douzaines de combattants du Hamas capturés vivants dans les combats qui ont suivi le massacre. Ces interrogatoires révèlent que trois vagues successives se seraient succédées à l'intérieur du territoire israélien : des combattants d'élite du Hamas, surentraînés et en mission commandée, des militants armés du Hamas mobilisés en renfort le matin même pour participer à l'attaque, et des civils non armés entrés à leur suite sur le territoire israélien pour exploiter les opportunités ouvertes par la brèche (pillages, participation aux exactions ou coup de main pour les enlèvements contre promesse de rémunération). La répartition des crimes entre ces différentes catégories reste à préciser.

Ce réflexe de recueillir les témoignages des rescapés, d'en faire une urgence collective au moment même où les déplacements massifs de populations du sud du pays et la mobilisation militaire soudaine d'une grande partie de la jeunesse laissaient le pays au chaos, et d'en tirer une sorte de mémorial improvisé de l'événement 7 octobre, dépasse de très loin l'enjeu de faire savoir au monde ce qui venait de se passer. Bien sûr, il y avait bien cet objectif de *faire savoir*, c'est-à-dire de faire partager le sentiment d'horreur et de sidération, de susciter de l'empathie en misant sur les récits, les visages et les voix, et si possible, d'attirer un peu de compréhension et de soutien dans le reste du monde. Il y avait bien aussi, désespéré, l'effort pour tenter d'assimiler l'advenue de l'impensable, pour absorber le choc de cet événement impossible pourtant bel et bien survenu. Mais il y avait encore autre chose, comme si une autre mémoire, celle de la Shoah, s'était interposée à la manière d'un intertexte spontané. La réminiscence était particulièrement troublante pour les survivants des kibboutz martyrisés, qui ont, de fait, vécu le massacre de leurs voisins et amis au fond de cachettes et d'abris verrouillés, sans rien voir au-dehors mais en tâchant de deviner ce qui était en train de se passer.

La mémoire de la Shoah en surimpression

Les initiatives de collectes portent la marque de la littérature testimoniale de la Shoah, et au-delà d'elle, de la culture testimoniale d'une société habituée à écouter les anciens rescapés des camps raconter leur histoire dans les écoles. Dans un pays où la littérature de témoignage et les récits oraux des rescapés de la Shoah sont des réalités culturelles familières, en particulier auprès de la jeunesse, les codes de ces corpus et de ces pratiques de transmission du trauma fondateur se sont immédiatement proposés pour prendre en charge le nouveau traumatisme collectif. Toute une partie de la société israélienne s'était projetée dans une vision postmoderne, technophile, ouverte au monde, sûre de sa force et de son existence ? Voilà qu'elle se retrouvait soudain renvoyée à l'identité tourmentée des années de la fondation de l'État, à son complexe du « septième million », à une perception d'elle-même comme assemblée de survivants, comme si les efforts cumulés sur 75 ans se révélaient, en définitive, incapables d'empêcher le retour de la haine et des massacres. À quoi s'ajoute encore, pour les survivants laissés à eux-mêmes dans leurs cachettes et pour les proches des victimes qui ont reçu en direct, impuissants, les appels au secours provenant des abris sur le point d'être assaillis, l'effroi de l'abandon : les longues heures à croire d'abord l'arrivée de l'armée imminente, puis à affronter l'angoisse de son retard face au déchaînement de la mort autour de soi, et à admettre la réalité de l'absence de secours sur lesquels compter. Cette angoisse-là est d'ailleurs très présente aussi dans les témoignages des sauveteurs arrivés sur les lieux trop tard – trop tard par exemple pour sauver cette fillette terrifiée, restée trop longtemps toute seule à se vider de son sang au milieu de toute sa famille assassinée, comme l'une des secouristes l'a raconté, face caméra, sans pouvoir retenir ses larmes.

Avec cette mémoire de la Shoah en surimpression plus ou moins explicite (« *never again is now* », a-t-on vu apparaître sur les publications des réseaux), d'autres fonctions du témoignage, bien connues dans les corpus de littérature testimoniale, venaient se proposer aussi : avec l'expression « *survived to tell* », titre d'une des pages Instagram qui se proposait de collecter les témoignages du massacre, le lien entre survie et promesse de témoigner rappelle que le rescapé qui raconte s'acquitte toujours aussi d'une sorte de promesse tacite, celle de parler pour les morts, d'entretenir la mémoire de leur nom et de l'irréparable injustice qui leur a été faite. C'est la mission des survivants, la dette souscrite envers les amis assassinés qui n'ont pas eu la chance de s'en tirer, et qui, parfois, s'étaient interposés de manière héroïque pour sauver d'autres vies en sacrifiant la leur. Le discours des témoins rescapés, dans la culture mémorielle de la Shoah, remplit aussi une autre fonction, qu'on pourrait qualifier de prophétique : revenus des enfers, ils ont vu ce qu'aucun homme ne devrait avoir vu. Ils ont connu ce qu'aucun être humain ne devrait avoir à connaître. Leur effroi est à la mesure de ce dévoilement contre-nature. Ils ont vu la Gorgone en face, selon l'expression qu'employait Primo Levi. Ils savent ce que l'homme peut faire à l'homme. Comment vivre avec ce secret dont ils sont désormais dépositaires ? Et comment continuer à vivre sans tenter d'en avertir ceux qui ont été épargnés ?

La littérature de témoignage sur les génocides et massacres de masse lève un coin du voile sur tout un pan de l'expérience des victimes que les traces ou les archives matérielles des crimes ne peuvent pas atteindre : l'expérience morale, la dimension éthique des interactions, entre les bourreaux et leurs victimes d'une part, entre les victimes elles-mêmes d'autre part. Qu'ont ressenti ces gens, terrés au fond de leur cachette ou de leur abri, en recevant les messages d'alerte sur leurs téléphones, en entendant les cris de leurs voisins ? À quel moment ont-ils compris que ce qui était en train de se passer n'avait plus rien à voir avec tout ce qu'ils avaient pu connaître auparavant en termes d'alerte et de danger ? À quels chantages éthiques ou affectifs ont-ils cédé, ceux qui ont ouvert la porte de leur abri aux bourreaux dans l'espoir d'épargner d'autres vies ? Quels sacrifices ont-ils été prêts à faire, ceux qui ont tenté de s'interposer dans l'espoir vain de sauver qui son enfant, qui son épouse ? L'interaction avec les bourreaux constitue souvent, pour les rescapés de l'extermination qui acceptent de parler, la plus grande énigme, surtout quand la mise à mort a été lente et douloureuse, cruelle et torturante.

Même si la comparaison a ses limites, le détour par les récits des rescapés tutsis, recueillis par Jean Hatzfeld dans son premier livre sur le génocide au Rwanda[5], est ici très intéressant car ils aident à toucher du doigt le problème spécifique posé par l'excès de cruauté, un élément qui caractérise aussi, d'après les éléments recueillis, le massacre du 7 octobre. Les rescapés des marais rwandais abordent tous, à un moment ou un autre de leur témoignage, le problème de la cruauté au-delà du massacre lui-même : que faire de la cruauté ? des tortures ? du sadisme des modalités de mise à mort ? Qu'on puisse vouloir tuer, qu'on puisse même s'y employer avec efficacité, cela reste du domaine du pensable. Mais couper bras et jambes à un enfant pour l'abandonner ensuite à une lente agonie ? Ouvrir le ventre des femmes enceintes avant de les exécuter ? Le surcroît de souffrance, physique et psychique, et la déshumanisation infligée aux victimes, qu'en penser et comment l'affronter ? Tout ce que remarque l'enquête médico-légale et dont elle ne sait que faire, le témoignage des rescapés et des secouristes le prend en charge à sa manière, sous forme d'une béance désignée au regard et qui ne sera jamais comblée.

Dans le cas du massacre des kibboutz, la disponibilité de l'autre archive, celle fournie par les tueurs eux-mêmes dans leurs vidéos, accentue encore l'énigme. Contrairement aux *Einsatzgruppen* nazis, qui dissimulaient leurs actes parce qu'ils savaient fort bien que ce qu'ils faisaient était horrible et serait perçu comme tel par le sens commun, les terroristes du Hamas se sont filmés. Se peut-il donc que ces hommes n'aient pas perçu leurs gestes de viol, de torture et de meurtre de femmes et d'enfants comme une cause d'horreur et de honte, même pour leurs propres enfants s'ils venaient à les voir, qu'ils aient

5. Jean Hatzfeld, *Dans le nu de la vie. Récits des marais rwandais*, Seuil, 2000.

considéré qu'ils n'avaient pas à s'en cacher et que leurs familles pourraient être fières, non seulement de leurs actes, mais même de leurs gestes – que leur environnement civil immédiat les approuverait, non seulement d'avoir tué, mais encore d'avoir tué *comme ils l'ont fait* ? La sidération de la décence commune face aux réjouissances que ces gestes monstrueux ont suscitées décourage toute tentative d'essayer de comprendre. Et pourtant, n'est-il pas crucial que les sciences sociales fassent ce travail-là, avant que la fiction, toujours avide de sensationnalisme quand il est question de meurtres de masse et de bourreaux, ne s'engouffre trop vite dans l'espace laissé vide ?

Questions pour les sciences sociales

Les sciences sociales qui s'intéressent aux violences de masse nous apprennent que contrairement à ce que le sens commun croit, ce n'est pas toujours difficile de tuer. Le 7 octobre, manifestement, les vidéos tournées par les tueurs semblent montrer que cela ne l'a pas été du tout. Mais quels modèles convoquer pour interpréter l'excès de cruauté, et l'enivrement qui semble l'avoir accompagné ? Les viols, les tortures, les mutilations et profanations des corps, étaient-elles toutes prévues, planifiées, comme les documents retrouvés sur certains combattants du Hamas semblent l'indiquer ? Était-ce, jusque dans le détail précis des crimes commis, une mission commandée ? Y a-t-il eu une part d'improvisation ? Les tueurs s'étaient-ils drogués en prévision de l'accomplissement de leurs actes, pour bloquer toute émotion et s'endurcir, ou l'idéologie fanatique qui les animait a-t-elle suffi à leur faire perdre de vue que c'étaient sur des enfants humains qu'ils s'acharnaient ainsi ? Ont-ils été secondés, ceux qui venaient pour accomplir leur mission fatale, par des civils qui ont profité de l'opportunité pour s'engouffrer à leur suite dans la brèche et ivres de la puissance offerte, ont torturé, violé et massacré comme on peut piller, avec opportunisme ? Quel rôle a joué le mimétisme envers les images popularisées par le djihadisme international dans la préparation des tueurs ? Et quel autre rôle, un certain discours religieux de la guerre sainte et du martyre, capable de justifier jusqu'à la profanation des cadavres et la décapitation d'enfants ? Que s'est-il joué exactement sur place, dans les secondes, les minutes et les heures où les victimes ont été livrées sans défense à leurs bourreaux ? Que faire de l'exaltation, de l'enivrement, de la joie des massacreurs ?

S'il n'y a pas qu'une seule grille de lecture pertinente du massacre qui s'impose à l'esprit, c'est sans doute qu'il faut en mixer plusieurs, et c'est vers ce chantier que l'attention des sciences sociales doit être appelée, face au défi que ces différentes archives du massacre soulèvent. Pourtant, les questions soulevées par la description et l'interprétation du massacre, dans sa concrétude, restent encore largement contournées. Inutile de mentionner les nombreuses manières d'éviter de voir et de refuser de savoir ce qui s'est passé le 7 octobre dans le sud d'Israël : des accusations de mensonges et de *fake news* massivement relayées sur les réseaux sociaux, qui culminent dans les pires railleries négationnistes[6], aux contestations de détails, comme la polémique sur le nombre *exact* de « bébés décapités » dans les kibboutz. Mais chez beaucoup de ceux qui ne nient pas le fait objectif du massacre, ce qui compte avant tout, c'est d'éviter qu'il puisse servir d'objection dans le combat plus général dont on préfère n'en faire qu'un épisode. Dans l'exigence éthique de regarder le massacre en face, certains ne voient ainsi qu'une tentative d'incrimination, un effort de propagande, voire un projet de

6. On pense en particulier au concours de plaisanteries suscité, sur les réseaux, par la nouvelle du bébé retrouvé brûlé vif dans le four d'une maison, dont un secouriste a raconté la découverte affreuse.

légitimation d'un autre massacre en retour. Et d'autres, bien décidés à rester aveugles aux faits, n'hésiteront pas à accorder sans entrer dans le détail leur soutien global à « tous les moyens » de la lutte contre l'oppression, ou mieux encore, à révoquer avec panache toute sensiblerie, comme la raillerie froide de la pensée décoloniale y a, on ne peut plus clairement, invité (« *Not like this ? Then like what ? Show us lol*[7] »).

Mais même les logiciels de dialectisation du massacre disent tout de même quelque chose de plus sur le massacre, en creux : ils ne peuvent pas faire complètement l'impasse sur les grilles d'interprétation de la violence extrême, qu'elle soit pensée comme une rage de révolte contre l'humiliation, ou qu'elle soit comprise comme une tactique mûrement réfléchie, froidement assumée, et parfaitement rationnelle de la part du faible qui fait avec la seule arme à sa disposition, à savoir sa disposition à afficher une absence totale de limite morale en guise de détermination. La violence du massacre est alors soit excusée (la rage et la bouffée de haine étant « compréhensibles » dans le contexte), soit justifiée (l'horreur est la seule arme de l'opprimé). Dans les deux cas, elle reste subordonnée à la cause qu'elle prétend servir, ne laissant aucune place pour une autre hypothèse, qui mériterait pourtant d'être explorée, celle du crime de haine et, plus spécifiquement, du fanatisme génocidaire d'une violence antijuive qui ne serait pas subsumée sous la cause qu'elle prétend servir[8].

---

7. C'est un tweet, abondamment liké et retweeté, de la journaliste et influenceuse américaine mode et jeunesse Najma Sharif : « Pas comme ceci ? Comme quoi alors ? Montrez-nous lol ».

8. C'est la lecture qu'en prend la *USC Shoah Foundation* (dite fondation Spielberg), qui a commencé à enregistrer et archiver les témoignages du 7 octobre dans le cadre de son projet de lutte contre l'antisémitisme via les témoignages.

L'imaginaire du pogrom

Pour les victimes, à l'inverse, c'est justement cette grille de lecture-là, l'hypothèse de l'antisémitisme exterminateur, que la pensée décoloniale laisse dans son angle mort, qui s'est immédiatement imposé. Revenons en effet aux témoignages. Outre l'intertexte de la culture testimoniale de la Shoah, un second intertexte s'est répandu au point d'être devenu la métaphore privilégiée de désignation de l'événement : le pogrom. Dans l'imaginaire juif, les modalités du massacre du 7 octobre ont réactivé le souvenir traumatique transgénérationnel des pogroms, un héritage commun aux Juifs de la diaspora et aux Israéliens, qui se sont construits, eux, précisément contre ce souvenir et en réaction à lui : c'est l'autre sens du « *never again is now* ». Bien sûr, ce n'était pas *stricto sensu* un pogrom. Le pogrom, c'est ce qui arrivait dans l'empire tsariste, quand les Juifs n'avaient ni État, ni armée, ni police pour les défendre, quand ils étaient entièrement à la merci de leurs bourreaux. Et en nombre de morts, le massacre du 7 octobre a dépassé de très loin l'expérience d'un pogrom. Mais que dit la convocation de l'imaginaire du pogrom, outre la violence extrême, la cruauté, les viols barbares et les mutilations des corps ? Il dit la vulnérabilité, l'impuissance, et l'abandon. Et il dit la honte. La honte de ce qu'on vous a fait et de ce qu'on a fait de vous. La honte de ce qu'on a fait de vos êtres chers, et celle de votre impuissance à l'empêcher. La honte de la mère qui n'a pu protéger sa fille du viol. La honte du frère qui n'a pu protéger sa sœur de l'éviscération. La honte du père qui n'a pu empêcher ses enfants d'être brûlés vifs, les mains attachées dans le dos. La honte de l'État, qui n'était pas là au moment où on avait si vitalement besoin de lui.

L'imaginaire du pogrom s'est transmis dans la psyché juive, par les canaux de l'épigénétique sans doute, mais il a aussi été pris en charge dans tout un corpus littéraire, la littérature du pogrom, moins connue que la littérature de la Shoah, mais peut-être plus éprouvante encore à la lecture. Dans les nouvelles de Lamed Schapiro par exemple, l'insoutenable est livré brut, sans protection, sans apitoiement, sans sensiblerie. Les corps peuvent être torturés, sans qu'il n'y ait personne pour vous protéger. On peut être exposé, à tout moment, à une violence sans limites, inaccessible à la rationalité et à la discussion. Il n'y a rien à faire, rien à espérer, on ne peut pas plaider, discuter, supplier. Il faut juste attendre que ça passe, et espérer rester vivant jusque-là. L'imaginaire du pogrom dit ceci : les corps juifs, ce sont des corps qu'on peut violer, énucléer, dépecer, clouer, démembrer, impunément. Des corps auxquels on peut faire ça sans que personne ne s'y oppose. D'où la rage et le dégoût d'un Bialik dans son célèbre poème *Dans la Ville du massacre*, écrit en hébreu en 1904, et la dureté de ses mots. Ce n'est plus le temps de la pitié pour nos morts, il faut rompre avec cette honte qu'on nous impose de subir, et donner à voir en face le spectacle de l'horreur pour conjurer l'impuissance de la honte et la honte de l'impuissance. Il faut mourir si l'on doit, mais en se battant pour ne pas être traité seulement comme des corps auxquels on peut tout faire subir. Briser le cercle : le programme même sur lequel le projet d'État juif s'est conçu, avant que la Shoah ne vienne lui donner confirmation de l'urgence vitale du refuge. On ne peut pas comprendre l'Israël contemporain sans tenir compte de cette double transmission mémorielle – la Shoah et les pogroms – qui irrigue l'imaginaire collectif. Oui, *« never again is now »*, repris partout sur les réseaux israéliens, est d'une certaine manière un slogan de propagande, oui, cela permet à trop bon compte de disqualifier moralement son ennemi en bloc en l'assimilant aux nazis, et oui, traiter son ennemi de nazi évite sans doute d'avoir à discuter avec les Palestiniens d'une paix à deux états. Mais ce n'est pas seulement un slogan de propagande, c'est aussi un ressenti spontané, qui vient avec son lot de confusion et de peur, un ressenti largement partagé, un réflexe dans l'imaginaire. Qui prend en réalité un double sens : non plus seulement le *never again* de la Shoah, et de la légitimation de la guerre totale contre le nouveau génocidaire qu'est le Hamas, mais le *never again* des pogroms, de cette violence subie dans l'impuissance, de cette précarité existentielle face à la violence haineuse du monde, de cette honteuse exposition des corps souillés… de cette condition juive pogromisée à laquelle Israël, après des décennies de prise de distance, a pris le risque de s'identifier une dernière fois, en montrant au monde, lors d'une conférence de presse inédite dans l'histoire du pays, ces corps juifs suppliciés que les Israéliens étaient collectivement redevenus.

L'imaginaire du pogrom, du reste, portait déjà avec lui nombre des questions éthiques que l'armée a dû trancher ce jour-là, en choisissant de montrer les images du massacre – pas toutes les images, une sélection d'entre elles. Contre l'immédiateté des images, la littérature des pogroms comme la littérature de témoignage sur la Shoah n'avaient cessé de se poser toutes ces questions : que donner à voir et que raconter, pour avertir et dénoncer sans reproduire le viol et l'humiliation, pour rendre hommage et défendre la mémoire des victimes, sans renouveler la déshumanisation et la perte de dignité des suppliciés ? Que partager du secret des témoins, quand on sait que les fantômes accueillis dans les récits de l'horreur seront ensuite là pour rester ? Jusqu'où montrer, mais aussi jusqu'où partager la reconstitution des faits, si la dignité des victimes risque d'y sombrer ? Faut-il descendre dans la chambre de torture, donner à voir ce qui s'y est passé ? Comment éviter le piège de l'*horror porn* ? Ces questions, qui ont nécessairement abouti à des choix dans le montage des 48 minutes de visionnage du massacre, ont-elles aussi une longue histoire dans l'imaginaire intertextuel des littératures de témoignage sur la Shoah et des récits de pogroms.

Le massacre du 7 octobre risque à présent d'être englouti dans le désastre humanitaire de la guerre qu'il a déclenchée. Aux sciences sociales pourtant de faire l'effort d'en déchiffrer les béances à partir de toutes les archives disponibles. Et à la littérature testimoniale d'en préserver la signification – de se faire aussi la gardienne de l'événement si les autres archives devaient n'y plus suffire. C'est aussi leur mission que de nous apprendre à regarder la Gorgone en face – par-delà la sidération.

Frédérique Leichter-Flack
Professeure de littérature et d'humanités politiques
au Centre d'Histoire de l'Institut d'études politiques de Paris

Lettre ouverte à Judith Butler : Sur la question du deuil

Tamar Gerstenhaber

Chère Judith Butler,

Nous sommes tous au bord du précipice, mais certains d'entre nous peuvent déjà sentir le souffle froid de l'abîme. Comme vous, je suis juive, mais contrairement à vous, je vis en Israël. C'est ma maison, et tout comme on ne choisit pas son nom, je n'ai pas choisi la maison où je suis née. Mais comme un nom, il fait partie de mon corps et de mon âme. En tant qu'universitaire et penseur, vous devriez savoir très bien que lorsqu'il y va de notre histoire, nous n'avons pas le choix. Nous vivons nos vies avec les spectres des péchés, des souffrances et des joies du passé, dans ce que vous appelez « une histoire de violence ». Notre choix réside uniquement dans la manière dont nous traitons ces spectres, dans ce que nous faisons de notre dette ancestrale. Fuyons-nous comme Œdipe fuit sa prophétie et choisit de ne rien savoir, pour ensuite accomplir notre destin sous la forme la plus horrible, ou prenons-nous le chemin d'Antigone et insistons-nous pour suivre nos lois familiales placées au-dessus des lois de la société ? Ou peut-être pouvons-nous trouver une autre voie ?

Dans « *The Compass of Mourning* » [« La Boussole du deuil[1] »], vous avez condamné les actions du Hamas le 7 octobre [2023],

1. Texte paru dans le *London Review of Books*, vol. 45, n° 20, le 19 octobre 2023 et traduit en français dans *AOC*, le 13 octobre 2023, sous le titre « Condamner la violence » (NdT.)

mais en même temps, vous avez essayé de comprendre ces actions, et dans votre tentative de compréhension, vous avez trouvé des justifications à cette violence à la fois dans l'histoire et dans le climat politique actuel. Bien sûr, on peut aussi essayer de comprendre les actes de violence en enquêtant sur la nature humaine et sur le terrible attrait que la vengeance et la brutalité nous inspirent. Depuis la publication de l'article, la guerre fait rage et la mort, la destruction et la famine se répandent dans les rues de Gaza. La dévastation qui y règne est presque impossible à supporter et à comprendre. Aucun mot ne peut rendre compte de l'horreur de ce conflit incessant. Mais nous essayons de mettre des mots sur cette horreur, de lui donner un sens. Dans une interview accordée le 30 octobre [2023] à la chaîne YouTube *« Democracy Now »*, vous avez affirmé que le Hamas n'était pas une organisation terroriste, mais un groupement militaire. À vous entendre : « Être solidaire de la Palestine, ce n'est pas nécessairement être d'accord avec toutes les actions militaires du Hamas, mais c'est se tenir aux côtés du peuple qui est pris pour cible d'une manière génocidaire. »

C'est une expérience étrange, en tant que femme vivant en Israël, d'entendre que mon corps peut être utilisé pour un spectacle de viol et de violence et qu'une féministe s'assiéra plus tard dans un fauteuil confortable et déclarera que cet acte est une « résistance justifiable ». C'est une expérience étrange que d'entendre des féministes nier le viol ou qualifier le viol d'acte de résistance. Il est étrange d'entendre qu'en tant qu'Israélienne, je n'ai pas droit à la même dignité que le peuple palestinien, qui consiste dans la séparation du gouvernement et de son peuple. La vérité est que de nombreux Israéliens aspirent à un cessez-le-feu, ne serait-ce que pour récupérer les otages et commencer le travail de deuil. Mais il était également étrange de vous entendre parler du Hamas comme d'une armée en pensant aux vies palestiniennes. J'ai l'impression d'énoncer une évidence, mais le Hamas et Benyamin Netanyahou ont toujours eu une certaine alliance tacite et impie. Ils se nourrissent mutuellement de leur pouvoir. Après tout, ils fonctionnent tous les deux sur la base de la haine et de la vengeance. Mais surtout, n'est-il pas évident que le Hamas utilise la souffrance et la famine de son peuple pour gagner un autre type de guerre ? Vous n'aimez peut-être pas la définition de « boucliers humains », mais les otages qui sont revenus ont largement témoigné qu'ils étaient détenus dans des hôpitaux et des maisons appartenant à des civils. Et, bien sûr, je n'ai pas besoin de mentionner le simple fait des tunnels que les « militants » du Hamas utilisent pour s'abriter et l'absence d'abris protégeant des bombes pour la population civile de Gaza. En écoutant vos interviews et d'innombrables autres, je reviens toujours à une question qui a été posée tant de fois : pourquoi le soutien au peuple palestinien doit-il signifier la justification du Hamas ?

Je ne soutiens pas Benyamin Netanyahou ; il n'est pas désireux de mettre fin à la violence. Il n'est intéressé que par le pouvoir. On peut dire la même chose (si ce n'est pire) des dirigeants du Hamas, qui sont confortablement installés au Qatar ou en Égypte, au milieu de leur butin de guerre, tandis que leur peuple est affamé et meurt. Je pense que beaucoup sont d'accord pour dire qu'il faut arrêter le cycle de la violence. Mais si je vous écris, c'est parce qu'à l'heure actuelle, vos paroles très publiques ne favorisent pas l'instauration d'une limite à cette violence. Elles donnent au Hamas exactement ce qu'il veut : un public pour la haine, car elles réduisent au silence les voix plus modérées qui appellent à la solution la plus réaliste, qui reste actuellement une solution viable à deux États.

J'écris parce que j'estime qu'en ces temps obscurs, il incombe aux philosophes et aux poètes d'indiquer la lumière, aussi faible soit-elle. Et j'écris parce que je crois que cette lumière ne peut pas être vue à travers la lentille d'une idéologie. Au contraire, comme le dit Freud dans sa lettre à Einstein sur la question de la guerre, l'idéologie n'est souvent qu'un moyen de satisfaire notre soif inconsciente de violence et de destruction. L'idéologie nous montre le monde tel que nous voulons qu'il soit et non tel qu'il est. Elle ne nous propose pas de chemin vers le deuil parce qu'elle contient un refus d'enregistrer la perte. Le deuil est un processus d'enregistrement de la perte, et en termes de civilisation, c'est un processus d'enregistrement de son malaise. L'idéologie tentera toujours d'éliminer le malaise, mais cette tentative n'est pas seulement vouée à l'échec, elle risque aussi d'engendrer quelque chose de pire. Toutes les révolutions de l'histoire l'ont prouvé.

Voilà pourquoi, en 1969, lorsque des étudiants marxistes se sont adressés au psychanalyste Jacques Lacan pour lui demander de se joindre à leur révolution étudiante en quête de justice sociale, il leur a répondu par un avertissement : « Ce à quoi vous aspirez en tant que révolutionnaires, c'est à un maître. Vous n'en aurez qu'un. » Quel est ce maître unique, en fin de compte, comme le montre Hegel, sinon le seul et vrai maître, c'est-à-dire la mort ? À la fin de votre article « *The Compass of Mourning* », vous avez demandé que l'on se tourne vers les poètes ; je propose que l'on se tourne vers Shakespeare, et plus précisément vers Jules César. Après qu'Antoine a terminé son célèbre discours sur la dépouille de César et qu'il a retourné la foule contre Brutus et les autres conspirateurs, la foule veut faire justice et rencontre le poète Cinna, qui porte le même nom que Cinna, le conspirateur. Cinna implore qu'on lui laisse la vie sauve, et la foule lui répond : « Peu importe, il s'appelle Cinna ; n'arrachez que son nom de son cœur et faites-le disparaître. » La soif de justice donne toujours le même résultat.

Mais il n'est peut-être pas étonnant que Shakespeare montre un poète mourant aux mains de la foule. Après tout, la poésie appartient au domaine de la création et de la représentation plutôt qu'à celui du meurtre. La poésie peut également rendre possible la création d'un lieu de sépulture. Que sont les droits funéraires si ce n'est des formes de poésie ? Une lamentation qui cherche le réconfort du prochain, qui fait une place à la douleur du sujet. Finalement, dit Freud à Einstein, on ne peut limiter la violence que de manière indirecte, par le travail d'Éros, de l'amour, au sens grec de rapprochement, afin de « favoriser l'essor des liens affectifs entre les hommes ». Tel est le travail de la poésie qui a été oublié. La poésie, la littérature, la philosophie peuvent nous offrir une autre racine pour renforcer nos liens. Freud dit à Einstein que ce chemin est lent et difficile : « Il nous vient à l'esprit une image désagréable de moulins qui moulent si lentement que les gens peuvent mourir de faim avant d'avoir reçu leur farine. » Aujourd'hui, cette image est encore plus désagréable ; la famine s'est déjà installée de manière trop littérale. Mais face à la famine et au risque de mort, n'est-ce pas à nous, humanistes, de travailler dans ce moulin lent et insatisfaisant pour qu'à la fin une véritable limite apparaisse ? La limite proposée par Freud, c'est comme essayer de chuchoter dans une pièce remplie de gens qui hurlent. Les cris d'agonie rendent presque impossible d'entendre le murmure d'une limite qui rendrait le travail de deuil vraiment possible. Mais en quoi cela nous aiderait-il si nous nous joignions aux cris ? Insister pour faire entendre ce faible murmure est notre seul espoir.

En ces temps sombres où le monde est plongé dans les ténèbres, n'est-ce pas la tâche des intellectuels de faire une place précieuse au murmure des poètes ? De s'opposer à l'appel par trop séduisant de la vengeance ? Comme l'a écrit Leonard Cohen sur son lit de mort : « Écoutez le colibri, dont vous ne pouvez pas voir les ailes. Écoutez le colibri, ne m'écoutez pas. »

Bien à vous,

Traduit de l'anglais par Paul Audi.

Tel Aviv, le 22 avril 2024.

Tamar Gerstenhaber
Université de Tel Aviv

TROISIÈME PARTIE

DIRE
TÉMOIGNER
RÉSISTER

Effets pervers des violences

Marc de Launay

La violence, d'abord, suscite la stupeur. Il ne s'agit pas des violences qui accompagnent d'ordinaire les actions des résistants à un oppresseur, qui visent des cibles symboliques ou tactiques précises – officiers, soldats, voies de communication, matériel militaire, etc. Ce sont bien des violences exterminatrices, comparables à celles des progroms, visant les citoyens israéliens, juifs ou non, sans distinction de sexe ou d'âge. À cette violence exterminatrice se mêle un calcul cynique qui implique l'enlèvement d'un certain nombre d'otages dont certaines et certains sont victimes aussi des exactions commises par ceux des Gazaouis qui, profitant de l'attaque des combattants du Hamas, se sont infiltrés à leur suite sur le territoire israélien. Aux meurtres systématiques s'ajoutent les viols parfois suivis d'exécutions ; nombre de ces actes ont été filmés et montrés sur internet.

Les raisons de cette attaque, le choix de sa date, ses conditions techniques de possibilité s'inscrivent dans un cadre géopolitique où se mêlent les conséquences des accords d'Abraham, la réorientation idéologique du Hamas face à l'Autorité palestinienne et, à la poursuite sans frein des occupations israéliennes en Cisjordanie, le soutien discret de l'Iran et, patent, des rebelles Houtis, la déstabilisation politique du pouvoir en Israël, etc. Les causes de ces violences sont multiples, l'ampleur de leurs effets à court et moyen terme est encore indiscernable mais leur nature doit retenir l'attention, même si, comme c'est désormais le cas, la réponse militaire d'Israël parvient très difficilement à remplir ses objectifs initiaux et semble au contraire s'enliser, entraînant un nombre inouï jusqu'à présent de victimes civiles, ainsi que la ruine presque totale de l'enclave gazaouie.

Un mot d'ordre du Hamas, proféré lors de l'incursion, renvoyait directement à une oasis juive d'Arabie attaquée et rasée à l'époque du Prophète – Khaybar – et plaçait l'attaque sous un éclairage spécial qui en montre au moins une source de légitimation. Comme dans les actes terroristes d'Al Quaida, de Daech, et du courant salafiste guerrier, les victimes sont les juifs, les apostats et les infidèles, c'est-à-dire toutes celles et ceux qui ne se rangent pas sous la même bannière d'une tradition religieuse réduite à une idéologie prônant un fanatisme littéraliste pervertissant toute une tradition spirituelle et religieuse, ainsi trahie dans la mesure où elle n'est plus qu'un servile instrument de destruction. C'est l'accomplissement même des actes meurtriers qui assure la justification de ceux qui les perpètrent, chaque meurtre effaçant son horreur dans le meurtre suivant qui lave le précédent de l'effroi qu'il eût pu susciter. L'ivresse nihiliste surgit de pareil enchaînement pervers, la transgression elle-même se muant en une impunité, en une insensibilité perverse. Cette forme spécifique de violence se révèle également dans les viols qui ne sont pas, en l'occurrence, une arme de guerre employée pour systématiquement défaire un ordre social incapable par la suite d'accorder une place aux femmes violées, mais des actes de flétrissure et d'humiliation destinés à dénoncer le statut acquis par ces femmes échappant à l'obéissance aux cadres idéologiques qui devraient leur être strictement prescrits. Il s'agit non seulement de les priver de tout avenir, mais aussi de les exclure par avance du monde futur envisagé par cette idéologie. Lutter contre la perversion, et c'est son piège secret, particulièrement retors, implique d'en être également affecté par la compromission que ce combat implique ; il n'est pas difficile de l'observer dans la manière presque immédiate dont la violence exterminatrice des terroristes s'est muée en accusation de génocide à l'encontre d'Israël. Il y a donc une victoire négative de la lutte contre ce type de violence, comme la guerre contre le totalitarisme nazi et l'impérialisme japonais ont entraîné les alliés à des actions parfaitement contraires aux valeurs par eux défendues et justifiant leur combat.

Lorsque prendront fin – provisoirement comme on peut s'en douter – les horreurs auxquelles nous devrons survivre, nous serons toutes et tous – victimes et bourreaux – bien moins dignes que nous n'avons été. Comme dans le cas de Josef K. au moment même de son exécution, « la honte devra nous survivre ».

Marc de Launay
Chercheur au CNRS
Archives Husserl de l'ENS/Ulm-CNRS

Auschwitz sur le sol d'Israël

Ariel Goldmann

Certaines expériences de vie vous transforment[1]. Ce que vous avez vu, senti, entendu, dépasse le supportable ; nargue l'entendement humain. Vous êtes anesthésié par l'abomination, envahi par une tristesse profonde, un abattement, une colère froide, une envie de crier, de frapper, de pleurer. Tout se répond. Vous n'avez plus qu'une certitude : vous n'êtes plus et ne serez jamais plus le même. Ce que j'ai vu, senti, entendu en Israël quelques jours après le 7 octobre 2023 est gravé en moi de manière indélébile et donne à mon rôle de Président de deux des plus grandes institutions juives de France, le Fonds Social Juif Unifié et la Fondation du Judaïsme Français, une responsabilité supplémentaire, une charge même. Celle désormais de témoigner. Toujours. Sans relâche, car je sais que l'émotion « nationale » ne dure qu'un moment, que d'autres viendront la recouvrir et que le pays tout entier, le monde tout entier changera de « séquence » et oubliera celle-là. Et je sais déjà que le 7 octobre 2023 restera une date dans l'Histoire juive à marquer d'une pierre noire, de ces dates, dont le peuple juif se souvient des siècles plus tard…

Ce que j'ai vu, senti, entendu quelques jours à peine après le 7 octobre 2023, lors du voyage de solidarité organisé par le CRIF et son président Yonathan Arfi (qui a été agile et intuitif),

1. Texte paru dans *L'Arche*, le 7 octobre 2023.

c'est Auschwitz sur le sol d'Israël. Ces mots ne sont pas une « formule ». Ils sont murement choisis et font écho à une histoire familiale qui sait de quoi il retourne : la mienne. Il me faut donc aujourd'hui témoigner, et alerter, parce que la France, notre pays, mais aussi l'Europe sont en danger. Lorsque je vois des élus de la nation participer à des manifestations interdites par le préfet de police, je m'interroge. Lorsque j'entends les mêmes ou ceux de leur parti, expliquer doctement, pour des raisons purement électoralistes, que ce qui s'est passé le 7 octobre, ce n'est pas du terrorisme mais une « conséquence » politique liée à la cause palestinienne, je m'inquiète car cela signifie que le piège islamiste tendu par les terroristes du Hamas fonctionne. Expliquer l'innommable, c'est l'accepter ; c'est faire sauter une digue et se retrouver aux portes de l'Enfer ; c'est se soumettre, faire allégeance à ceux qui ont envoyé au monde un message clair : « Tremblez. Voilà de quoi nous sommes capables. Votre tour viendra. » C'est sans aucun doute, la seule fois, où ils disent vrai. Mon grand-père survivant de la Shoah m'avait dit : « Quand un antisémite dit qu'il veut tuer un juif, il faut toujours le croire »

Par touches, d'ailleurs, notre tour est déjà venu, mais nous n'avons pas voulu voir. Nous avons été, assassinat après assassinat, dans l'analyse des faits.

La synthèse, même sans être exhaustif, dit tout !

Le premier à faire sauter la digue est, en 2012, Mohammed Merah, qui, après avoir tué deux enfants, Gabriel 3 ans, Arié 6 ans et leur père, Jonathan Sandler, enseignant (déjà), a assassiné d'une balle dans la tête, à bout portant, dans la cour de son école où il l'a traquée, Myriam, une gamine de 8 ans.

Pour la première fois en France, depuis la dernière guerre, des enfants étaient une cible d'une idéologie, islamiste désormais. Des enfants ont été tués parce que juifs. Je n'oublie pas les militaires, lâchement abattus auparavant, mais ne vais pas égrener les nombreuses et meurtrières actions des terroristes islamistes qui, poursuivant l'objectif de tuer des Juifs et des mécréants, ont ensanglanté notre pays. Je m'arrêterai néanmoins sur les attentats de *Charlie Hebdo*, de l'Hyper Cacher et du Bataclan. Le carnage, au Kibboutz Re'im en Israël, où se tenait le Festival de Musique Supernova, a fait 270 morts ; des jeunes qui dansaient et écoutaient de la musique. « Ils ont massacré les gens de sang-froid d'une façon absolument inconcevable » déclarera Moti Bukjin, le porte-parole de Zaka, l'organisation israélienne spécialisée dans les premiers secours, la collecte et l'identification des corps, conformément à la loi juive. Les mêmes mots, furent employés après le Bataclan. Je m'arrêterai sur la mort, dans son église, du père Hamel, égorgé. Je m'arrêterai sur l'assassinat de Mireille Knoll – son corps, en partie brûlé, avait reçu onze coups de couteau. Je m'arrêterai sur la décapitation de Samuel Paty et la mort de Dominique Bernard. Tout y est.

Le Hamas a agi de la même façon. Il a tué à bout portant, massacré, égorgé, brulé, décapité. Il a violé aussi, humilié, pris en otage. La perversion est une arme terrible. Je le dis, l'écris, et continuerai de le faire autant qu'il sera nécessaire : aucune cause, aussi juste soit-elle, aucune idéologie, ne peut « expliquer » la torture, la bestialité, la barbarie. J'ai vu, dans les morgues israéliennes des têtes dans des sacs, des bras, des corps démembrés. J'ai rencontré un rabbin de l'armée, un aumônier qui en quinze ans de service dans l'armée a vu des soldats tués, des victimes d'attentats, des horreurs, mais là, était brisé « incapable de rentrer chez lui depuis 15 jours » nous a-t-il dit. Il nous a raconté par exemple, la gorge serrée, qu'ils avaient reçu à la morgue un énorme bloc noir, non identifiable. Passé au scanner, il s'est avéré qu'il s'agissait de deux enfants enlacés, serrés l'un contre l'autre, morts brûlés ensemble.

Que vient faire là, la cause palestinienne ? La cause palestinienne, le Hamas n'en a que faire. Sur quel ton faut-il le dire pour se faire entendre ? Cette cause n'est que son prétexte, son hameçon ! Ce que veut le Hamas est écrit noir sur blanc dans l'introduction sa charte. Il s'agit d'un plan en trois étapes, tuer les juifs, tuer ou convertir les mécréants et installer un État islamiste à grande échelle : « Notre combat avec les Juifs est une entreprise grande et dangereuse et requiert tous les efforts sincères et constitue une étape qui, sans nul doute, sera suivie d'autres étapes ; c'est une phalange qui, sans nul doute, sera soutenue par d'autres qui, phalange après phalange, viendront de cet immense monde arabe et islamique jusqu'à l'écrasement des ennemis et la victoire de Dieu. » Soyons clairs, si en soixante-quinze ans, les dirigeants palestiniens et arabes avaient voulu faire de la Cisjordanie et Gaza un État, ne pas laisser leur population abandonnée à la pauvreté et à la haine ; s'ils avaient préféré la cause Palestine à la corruption, en serions-nous là aujourd'hui ?

Le Hamas ment. Il ment sur tout, tout le temps parce qu'il sait les codes et la crédulité de l'Occident. Il sait la fragilité des démocraties. Il sait la force des banlieues. Le 7 octobre 2023, le Hamas a joué le tout pour le tout. En obligeant Israël à une réplique forte à Gaza, seule solution après l'ignominie dont il a fait preuve, le Hamas a voulu saborder les accords d'Abraham et les discussions entre Israël et l'Arabie Saoudite, entraînant les Gazaouis dans le cercle infernal de la guerre… mais c'était le dernier de ses soucis.

31 octobre 2023

Ariel Goldmann
Président du Fonds Social Juif Unifié
et de la Fondation du Judaïsme Français

Le mal court

Sylvie Germain

Passé la sidération et l'effroi, puis la colère et l'écœurement, c'est le chagrin qui m'est venu, un immense chagrin devant la résurgence de la haine à l'égard des Juifs, une haine passionnelle, féroce, toujours inassouvie. Un chagrin qui s'étend et se creuse en silence - non qu'il abolisse la pensée, au contraire, il la convoque plus que jamais, mais il la laisse très démunie car en manque de mots – de mots *justes*, qui soient à la hauteur de l'événement et non un brouhaha de paroles dictées par l'émotion – laquelle fait souvent tenir des propos irréfléchis qui n'éclairent rien et parfois même aggravent la dynamique du ressentiment.

Le tourment est d'autant plus grand que la violence qui a fait rage le 7 octobre a rebondi aussitôt ; au nom des victimes de ce jour de carnage, précédé au long des siècles de tant d'autres massacres antisémites restés impunis, elle s'est retournée, à juste titre, vers l'agresseur, mais si massivement, si rageusement à son tour qu'elle a frappé, et continue de frapper, des personnes nullement complices du massacre commis par les tueurs du Hamas – lesquels ont obtenu ce qu'ils voulaient : une spirale croissante de la violence, une descente en vrille de l'espoir de paix entre les deux peuples. Le mal court, il galope, la haine se durcit de toutes parts, la mort bat son plein. Et la souffrance des victimes de tous bords va s'aggravant, l'affliction des survivants, des endeuillés restera nue, à vif ; inconsolable.

Quand Picasso a peint *Guernica* en 1937 à la demande du gouvernement républicain pour montrer la barbarie des nationalistes espagnols alliés des nazis allemands et des fascistes italiens, il a déconcerté, sinon déçu, tant ses commanditaires que le public car on attendait une illustration directe et précise de la fureur franquiste, or son tableau, dans sa représentation magistrale du chaos, de l'épouvante et de la douleur, cible un universel à travers une tragédie particulière, il dénonce l'abomination de la guerre en général, la coriacité de la folie humaine, ce mélange de bêtise et d'intelligence, d'orgueil, de peur et de fragilité. Un autre tableau vient à l'esprit en pensant au 7 octobre et à ses conséquences : *Saturne dévorant un de ses fils*, de Goya. Un titan dévorant tous ses enfants les uns après les autres. Ainsi fait la guerre qui veut priver tel ou tel peuple du droit à sa souveraineté, du droit de vivre en tel territoire. Ainsi fait l'antisémitisme qui, lui, veut priver les Juifs du droit de vivre, *tout court*, les obligeant à entrer dans le maelström infernal pour défendre leur droit d'exister que tant de titans, grands et petits, leur dénient.

Sylvie Germain
Écrivain

Notre deuil et notre dette

Antoine Guggenheim

Je commence ce texte le jour de l'hommage national du 7 octobre dans la cour d'honneur de l'hôtel des Invalides. Quarante-deux Français et Franco-Israéliens victimes des tueries de masse ordonnées par le Hamas, et trois manquant à l'appel, présumés otages. Les noms, les portraits, les paroles, les musiques, le silence, le vide, les larmes. Pour résister à la peur séculaire du pogrom qui s'est répandue jusque chez nous, la mémoire des victimes s'inscrit aujourd'hui dans celle de la France et d'Israël. Dans la mémoire longue des familles et des peuples, un deuil peut être éternel.

Solitude

Pourtant quelle solitude des Juifs et d'Israël en ce mois de février 2024 ! Libre à chacun de critiquer, en connaissance de cause, la politique israélienne qui a précédé la catastrophe du 7 octobre, de dénoncer ses impasses, de condamner ses fautes. La violence meurtrière de la guerre, de toute guerre, fait horreur. Mais « le réveil de toutes les rhétoriques antisémites qui font du Juif, en toutes circonstances, le puissant, le manipulateur, celui qui tire les ficelles » est insupportable[1]. Le spectre du retour des

1. Delphine Horvilleur, Anna Klarsfeld, « Conversation » dans *Tenou'a* n° 194 (hiver 2023-2024), p. 7-10.

Juifs au ghetto, libres ou contraints, est un piège mortel pour l'humanité. Ce piège a un nom : justifier la haine.

Piège

La violence inouïe du 7 octobre, dispersée sur les réseaux sociaux, saluée parfois avec des cris de victoire, ajoute à l'angoisse du monde. Encore la haine ! N'en sortira-t-on jamais ? Devant ces nourrissons, ces enfants, ces jeunes, ces parents, ces grands-parents nous sommes en dette. Pleurer, agir, mais aussi penser, car « il ne faut pas que l'innommable devienne l'innomé[2] ». Nous sommes en dette vis-à-vis de l'humanité pour tous ceux qui sont tombés le 7 octobre, et notre dette, c'est de démontrer l'arbitraire satanique de la haine qui jette ses victimes en enfer.

La haine n'est pas l'énergie du désespoir. Elle n'est pas simplement la pire des passions qui opposent les humains entre eux. Elle ne produit pas seulement des drames que la pensée et la foi condamnent. La haine est un saut consenti dans l'absurde. Elle enchaîne les libertés qui se livrent à elle dans le destin tragique d'une montée aux extrêmes. La haine n'accomplit aucune justice. Elle ne répare aucune injustice. Elle asservit les cœurs et les organisations qu'elle habite. Elle détruit ses victimes comme ses bourreaux. Elle ne connaît le repos ni du sommeil ni de la mort. L'ivresse de la haine est sans fin, et sans soif. La haine antisémite, la haine raciste, la haine tout court.

---

2. Jean-Marie LUSTIGER, *Dieu merci les droits de l'homme*, Presses Pocket, 1990, p. 251-258, contribution au recueil de photos d'Adam Bujak, *Auschwitz-Birkenau*, Critérion.

La Haine est le tonneau des pâles Danaïdes ;
La Vengeance éperdue aux bras rouges et forts
À beau précipiter dans ses ténèbres vides
De grands seaux pleins du sang et des larmes des morts,
Le Démon fait des trous secrets à ces abîmes,
Par où fuiraient mille ans de sueurs et d'efforts,
Quand même elle saurait ranimer ses victimes,
Et pour les pressurer ressusciter leurs corps.
La Haine est un ivrogne au fond d'une taverne,
Qui sent toujours la soif naître de la liqueur
Et se multiplier comme l'hydre de Lerne.
– Mais les buveurs heureux connaissent leur vainqueur,
Et la Haine est vouée à ce sort lamentable
De ne pouvoir jamais s'endormir sous la table[3].

« Ils m'ont haï sans raison », dit le psalmiste (*Psaume* 68, 5 et Jean 15,25).

Avenir

Pour survivre, les belligérants devront écouter un jour les souffrances et les raisons justes de l'adversaire. Ils devront aussi, sans doute, redéfinir les deux grandes causes qui les opposent, la cause palestinienne et le sionisme. Dans *Difficile liberté*, Emmanuel Levinas évoque un midrach qui peut guider leurs pas :

D'après le *Midrash*, le premier homme était aussi grand que l'univers. « De la Terre au Ciel » pour les uns, et « de l'Est à l'Ouest » pour les autres. Grand de toute la longueur qui sépare l'Est de l'Ouest. C'est l'homme qui se préoccupe des discours qu'il entend à ses côtés et qui universalise ses vérités selon un

3. Charles Baudelaire, « Le tonneau de la haine », dans *Les Fleurs du mal*, 1857.

> rythme politique. L'universalisme juif est celui de l'homme dressé de toute la hauteur qui sépare le Ciel de la Terre. Il signifie avant tout qu'Israël ne mesure pas sa morale à la politique – que son universalité est le messianisme même[4].

Les États, ces hommes géants, établissent leur pouvoir sur l'espace, ses territoires et ses ressources, « de l'Est à l'Ouest » : ils sont toujours en concurrence, même quand ils sont alliés. Mais l'humanité se construit d'abord dans la hauteur et le retrait de l'intériorité et de la décision éthique, « entre Ciel et Terre ». L'importance de « l'aspiration sioniste » et de « la solution de l'État d'Israël » a été (et devra être) de représenter « une tentative de réunir l'acceptation désormais irréversible de l'histoire universelle », avec ses conflits politiques, « et le messianisme nécessairement particulariste », avec son mouvement de retrait dans le creux de la conscience. C'est dans le « service de l'univers » et dans le retrait de sa subjectivité qu'un peuple s'émancipe et construit son avenir.

Ce que dit Emmanuel Levinas du peuple juif pourrait aussi se penser d'une émancipation douloureuse du peuple palestinien : « l'émancipation a été autre chose qu'une réforme pratique et juridique du judaïsme et l'accueil que lui firent les nations. L'émancipation a été pour le judaïsme lui-même une ouverture – non pas sur l'humanité dont il se sentait toujours responsable – mais sur les formes politiques de cette humanité, la prise au sérieux de son histoire. »

---

4. Pour cette citation et les suivantes, voir Emmanuel Levinas, « Messianisme et universalité », dans *Difficile liberté. Essais sur le judaïsme*, Livre de Poche, 2021, en particulier p. 146-148.

Une avant-garde

Les œuvres de haine manifestent « la part d'absurdité que l'histoire des peuples réalise ». La métaphysique de la haine enferme chacun dans son vécu comme dans un destin. Elle retarde l'entrée dans la « reconnaissance de l'histoire » et la collaboration avec elle. Pourtant, l'aspiration sioniste et la cause palestinienne n'ont de sens que dans l'acceptation du danger et du risque de croire que l'histoire des nations et des personnes est traversée de raison et de progrès politique. Ni l'aspiration sioniste ni la cause palestinienne ne peuvent réussir politiquement abstraction faite l'une de l'autre. Ni politiquement, ni spirituellement.

L'émancipation d'un peuple au sein de la communauté des nations n'est jamais achevée. Elle a toujours à renaître, portée par ce que Jean-Marc Ferry appelle une « éthique de la reconstruction » :

> En suivant les trois dimensions du temps. À la fois éthique de la responsabilité tournée vers le passé et éthique de la réconciliation tournée vers l'avenir, elle apparaît dans la dimension du présent comme une éthique de la reconnaissance – reconnaissance de l'autre en tant qu'être vulnérable[5].

Responsabilité, reconnaissance, réconciliation… Qui se sera préparé à accompagner les acteurs de cette reconstruction quand ils se lèveront ? Quand nous nous sentons écrasés par la distance entre cette tâche et la situation présente, nous pouvons relire ces lignes du Pape François :

> Nous ne renonçons pas face à nos responsabilités, mais nous invoquons Dieu dans un acte de responsabilité suprême face à

5. Jean-Marc Ferry, « Qu'est-ce qu'une éthique reconstructive ? », dans *Écrits philosophiques*, Agora Pocket, 2021, p. 71-91.

nos consciences et à nos peuples. Nous avons entendu un appel et nous devons y répondre. C'est l'appel à briser la spirale de la haine et de la violence, et à la briser par un seul mot : le mot « frère ». Mais pour pouvoir prononcer ce mot, nous devons lever les yeux vers le ciel et nous reconnaître fils d'un seul Père[6].

ANTOINE GUGGENHEIM
Paroisse Notre-Dame d'Espérance (Paris)

6. Aller voir sur le site du Vatican, la lettre du pape François aux frères et sœurs juifs d'Israël.

Échec d'une tribune

Jean Mouttapa

J'ai rédigé le texte ci-dessous une semaine après le cataclysme du 7 octobre 2023. Dans mon esprit, il devait constituer une tribune destinée à être rapidement signée par un grand nombre de personnalités non juives de toutes sensibilités, et à être diffusée au plus tôt par un grand quotidien ou hebdomadaire. J'avais de multiples contacts, et ai choisi d'envoyer une première salve limitée de sollicitations.

À mon grand étonnement – et à ma grande déception –, les réponses positives furent très peu nombreuses, et ne concernaient qu'un certain milieu d'amis chrétiens engagés, dont je connaissais la haute conscience qu'ils avaient du risque antisémite. *Mais je n'avais pas voulu faire une tribune chrétienne !* J'avais pensé que cet appel citoyen concernerait une part importante d'intellectuels et d'écrivains de tous bords… j'ai dû déchanter. Était-ce la sidération provoquée par le choc inouï, était-ce l'attente éperdue de ceux qui n'en avaient pas cru leurs oreilles et voulaient « en savoir plus »… ou d'autres causalités moins avouables ? Celles et ceux que j'avais pressentis ne me répondaient tout simplement pas, alors qu'ils me connaissaient bien, et ne pouvaient douter de mes intentions.

Finalement, après une autre salve d'envois rendant le même résultat, refusant de me cantonner à une déclaration trop marquée par le dialogue judéo-chrétien, et voyant que pour aller plus loin il aurait fallu un certain temps, peut-être plusieurs semaines – avec ce que cela impliquait d'incertitudes sur l'évolution du contexte –, j'ai renoncé. Il faut dire aussi que toute mon énergie était alors mobilisée autour de l'encyclopédie *Histoire juive de la France*, dirigée par Sylvie Anne Goldberg, que nous préparions depuis cinq ans et que je venais de publier… le 11 octobre.

Pour dissiper l'amertume douloureuse de cet échec, je me suis dit que cet ouvrage venait apporter une réponse aux questions multiples qui ne manqueraient pas d'être engendrées, non pas tellement par l'événement international, mais par le débat national (si on peut parler de débat…) autour de l'antisémitisme et de la place des Juifs dans notre pays. Le succès de cette encyclopédie, achetée en librairies par beaucoup de Français juifs mais en grande majorité par des non-juifs, peut être considéré comme rassurant : en réalité, beaucoup de nos concitoyens cherchent par tous les moyens à comprendre leur histoire (puisqu'il s'agit bien d'une Histoire de France) pour mieux comprendre le présent. Au-delà des éclats de voix tapageurs de factions dangereuses, certes, mais minoritaires.

19 mars 2024

Ne laissons pas nos concitoyens juifs seuls face au traumatisme du 7 octobre

Citoyens français de sensibilités différentes, et même parfois divergentes, nous nous exprimons ici unis dans la fidélité aux principes de la République et aux trois mots de sa devise. Unis pour dire l'effroi et la sidération qui nous ont saisis, d'abord en apprenant les massacres qui ont eu lieu le 7 octobre dernier (sur un territoire israélien reconnu comme tel par la communauté internationale) puis en prenant connaissance, au fil des jours, de l'ampleur et de l'horreur sans nom de ce carnage. Inutile d'en rappeler les détails, ils ont fait immédiatement le tour de la planète, et, dans notre pays, seuls des esprits aliénés par l'idéologie et/ou par l'antisémitisme ont pu tenter d'en relativiser la portée.

En revanche, il nous paraît utile, et même urgent, de lancer un appel à tous les Français qui ne sont partie prenante ni du judaïsme comme religion, ni de la judéité dans un sens plus général. Nous voulons leur dire : ne laissons pas nos concitoyens juifs seuls face à ce traumatisme, ils ont besoin de notre parole, ils ont droit à cette parole – et pas seulement à celle des autorités. Car la nature du crime, ses modes d'exécution, le caractère systématique de l'extermination des civils non armés – bébés, femmes, vieillards compris – en fait un cataclysme tel que les Juifs n'en avaient plus connu depuis les temps odieux de la Shoah. Ces terroristes-là ont franchi une nouvelle étape dans l'abjection. Escalade jusqu'ici impensable, qui nous renvoie aux pogroms ayant précédé en Europe le génocide nazi. Nous ne voulons pas que ce fait majeur soit balayé dans la mémoire collective par d'autres événements meurtriers qui ne manqueront pas de se produire à Gaza et ailleurs, ni par ceux qui ont déjà atteint ou vont peut-être atteindre notre pays. Nous ne voulons pas que les Français juifs se sentent seuls porteurs de ce poids épouvantable : il est aussi le nôtre, au-delà même du fait qu'il y a eu des victimes de nationalité française.

Évidemment, cette solidarité fondamentale n'empêche pas que nous ayons des opinions diverses, voire contradictoires sur les causes du conflit, sur la légitimité des revendications des uns et des autres, sur la manière d'y répondre concrètement, sur les responsabilités accablantes des politiques et des religieux, dans les deux camps. Elle n'empêche surtout pas que nous soyons effarés du sort des civils palestiniens, conscients de l'urgence d'une aide humanitaire internationale, et inquiets de certains appels à une « vengeance » que nous savons contraire aux valeurs de la tradition juive. Chacune, chacun d'entre nous exprimera (ou pas) son analyse sur ces sujets comme il ou elle l'entend.

Mais aujourd'hui, ensemble, nous voulons d'abord dire à nos compatriotes juifs qu'ils ne seront pas seuls à porter la mémoire du 7 octobre, et qu'ils peuvent compter sur notre fraternité indéfectible.

Projet de tribune du 10 octobre 2023

JEAN MOUTTAPA
Éditeur

« Un temps de folie et de haine ? Sans doute[1] »

MONIQUE JUTRIN

Vivant à Kfar Saba, dans la plaine du Sharon, je ne fus pas témoin du massacre du samedi 7 octobre 2023. Toutefois, lorsque les sirènes retentirent en Israël, à 6h30 du matin, je compris, comme nous tous, que c'était un signal de malheur. De même, lorsque le samedi 6 octobre 1973, jour de Kippour, traversant la rue principale de Kfar Saba, je vis filer à toute allure un autobus.

Ce massacre du 7 octobre a réveillé des couches de mémoire profondément enfouies dans ma conscience. Il s'inscrit dans une histoire millénaire de violence antijuive.

Née à Ostende en 1938, j'ai survécu à la Seconde Guerre mondiale. Les trois quarts de ma famille ont péri. Mes premiers souvenirs datent de juin 1940, sur les routes de l'exode. Depuis des années, je tentais de rédiger le récit de mon enfance. Ce texte fut souvent abandonné et recommencé. Toutefois, depuis le 80e anniversaire de l'assassinat de mon père[2], le 18 août 1943, j'avais décidé de reprendre ce récit et de le mener à terme. Il fallait affronter mes fantômes, une voix me harcelait. Jusqu'à présent j'avais surtout consacré mes écrits à l'œuvre d'écrivains juifs oubliés, afin de les ressusciter. Il s'agissait d'une *réparation*, au sens de *tikkoun*

---

1. Benjamin FONDANE, *Titanic*, Verdier, 2006, p.147.
2. Mon père fut abattu par des agents de la Gestapo à Bruxelles, où nous nous étions réfugiés.

en hébreu. Parmi ces écrivains, il y a surtout Benjamin Fondane, poète et philosophe qui m'accompagne depuis plus de quarante ans. Il me sert de guide pour *penser* l'événement du 7 octobre. Comme lui, je me situe au-delà des débats politiques et religieux, au-delà des idéologies. À la fois dans et au-delà de l'Histoire.

Durant les années qui suivirent la guerre de 40, mon existence se poursuivit en Belgique. Même si les traumatismes de l'enfance avaient laissé en moi une trace profonde, je n'étais pas encore perturbée par le sort du peuple juif. En 1948 j'étais trop jeune pour comprendre l'importance de la création de l'État d'Israël. Toutefois, le 5 juin 1967, au moment où se déclencha la guerre des Six jours, le passé refoulé jaillit comme une source artésienne. À nouveau, sous le regard d'un monde indifférent, une menace pesait sur notre peuple. Soudain un gouffre me sépara de mes compatriotes belges. C'est ainsi que mon mari et moi, nous nous retrouvâmes le 8 juin 1967 dans un avion de volontaires à destination de Tel Aviv. Deux ans plus tard nous quittions la Belgique pour Israël.

Aujourd'hui, après le massacre du 7 octobre, et le réveil d'une haine antijuive dans le monde, comment surmonter ce cauchemar ?

C'est vers Benjamin Fondane que je me tourne encore. Ce penseur *irrésigné*, qui, à l'âge de 17 ans, durant la Première Guerre mondiale, affirmait déjà que c'était l'esprit du Mal qu'il fallait détruire à tout prix. Jamais il n'abandonna son combat contre les idéologies funestes. « Je ne connais pas d'Idée qui n'ait au moins 100 000 morts sur la conscience[3]. »

En 1942, dans sa *Préface en prose* il écrivait :

> Un jour viendra, c'est sûr, de la soif apaisée,
> nous serons au-delà du souvenir, la mort
> aura parachevé les travaux de la haine,

3. Benjamin Fondane, *Rimbaud le voyou*, Denoël, 1933, chapitre XX, note 1.

je serai un bouquet d'orties sous vos pieds,
– alors, eh bien, sachez que j'avais un visage
Comme vous. [...][4]

Ce jour viendra-t-il jamais ? Dans l'esprit de Fondane, il s'agit d'une abolition de l'Histoire telle qu'elle existe, pour revenir à l'état qui l'avait précédée, avant la suppression de ce qu'il nomme la *faute*[5]. Subsiste l'espoir d'un Lundi existentiel qui succédera au Dimanche de l'Histoire avec ses hussards sabre au clair[6].

Entre-temps, contentons-nous d'actes à l'échelle humaine. Je songe aux agriculteurs du sud d'Israël qui commencent à regagner leurs terres. Certains membres du kibboutz de Beeri, qui fut si durement touché le 7 octobre, reviennent dans leurs demeures pour les reconstruire. Et déjà les poètes et les musiciens ont trouvé des mots et des mélodies pour pleurer ce deuil.

Parmi les innombrables témoignages, je retiens celui d'une femme de 80 ans qui, le 7 octobre, était seule dans sa maison avec son chien. Durant 30 heures, s'arc-boutant de toutes ses forces contre la porte de son abri, elle résista aux assauts des terroristes. Irrésignée, résolue à survivre.

Ce Lundi existentiel, c'est à nous qu'il incombe de le faire advenir.

Janvier 2024

MONIQUE JUTRIN
Professeure émérite de littérature à l'Université de Tel-Aviv

4. Benjamin FONDANE, *L'Exode, Le Mal des fantômes*, Verdier, 2006, p. 151.
5. Benjamin FONDANE, « Léon Chestov, témoin à charge », dans *La Conscience malheureuse,* Denoël, 1936.
6. Il s'agit des hussards de Hegel cités par Fondane dans « Le Lundi existentiel et le Dimanche de l'Histoire », dans *L'Existence*, textes réunis par Jean Grenier chez Gallimard en 1945.

Israël, une urgente refondation

Jean-François Bensahel

« On ne sort de l'ambiguïté qu'à son détriment. » La grande erreur de Benjamin Netanyahou aura finalement été de ne pas méditer cette leçon du Cardinal de Retz. Et comme c'est un homme politique qui a occupé le pouvoir suprême en Israël plus de 15 ans et qui a engagé par ses actes une nation entière, ce n'est pas une simple erreur, mais une faute, une faute répétée qu'il a commise au détriment du pays dont il avait la charge et pas seulement à son détriment personnel. Le 7 octobre 2023 aura été le tragique couronnement d'une carrière qui rappelle étrangement celle de Néron.

Benjamin Netanyahou aurait en effet dû savoir qu'Israël s'était construit dans l'ambiguïté la plus totale, que c'était la condition même de sa survie, qu'il ne fallait pas le faire sortir de ce clair-obscur pour en ménager les antagonismes, sauf à précipiter le pays dans l'implosion civile. Dès le projet de création d'un État, les oppositions entre religieux et non religieux, les luttes à l'intérieur de monde religieux, les affrontements entre les sionistes et les antisionistes, les désaccords entre ceux qui se seraient satisfaits d'un régime agraire et ceux qui rêvaient d'une modernité occidentale, les antagonismes entre ceux qui refusaient la souveraineté d'un État et plaidaient pour un territoire autonome sur laquelle la culture juive pourrait enfin s'exprimer sans peur et ceux qui voulaient un État fort doté de tous les attributs de la puissance pour tous les juifs du monde entier, ou seulement pour des Juifs et des non juifs établis en terre promise, avaient conduit Ben Gourion à ne pas trancher ces clivages mortels. La guerre avec les pays arabes lui avait opportunément facilité la tâche renvoyant sans cesse aux calendes grecques le soin de statuer sur un certain nombre de questions fondamentales pour l'État, notamment sur une Constitution, dont la Déclaration d'Indépendance du 14 mai 1948 aurait pu servir de préambule. Navigant entre sagesse et nécessité avec une rare dextérité, comme ces grands aventuriers de haute mer qui parviennent, malgré les tempêtes, à bon port, il ajourna ces rendez-vous de la nation avec elle-même. Ces successeurs retinrent ses leçons, même Begin qui prit soin, tout fidèle qu'il fut à la pensée de Jabotinsky, de ne pas réveiller le feu qui couvait dans la société israélienne, d'y intégrer les Séfarades, de s'associer la collaboration du grand juriste libéral Aharon Barak, et de s'assurer que force resterait au contrôle de la légalité des lois par l'institution judiciaire.

Benjamin Netanyahu et sa coalition d'extrême droite théocratique dont il n'est un secret pour personne que la seule Constitution qui vaille c'est la Torah, a fait voler en éclat ce consensus en s'en prenant à l'édifice législatif pétri par la prudence de ses prédécesseurs qui garantissait à tous des droits fondamentaux, juifs comme non juifs, riches comme pauvres, religieux comme non religieux, pour que chacun puisse vivre libre dans un État juif et démocratique. Peut-être fallait-il des réformes ! Mais il a jeté dans la rue des centaines de milliers de manifestants, attisé les affrontements entre religieux et laïcs, et fait sortir le mauvais génie de la lampe gouvernementale d'Aladdin. La concorde nationale a été brisée, les oppositions sont apparues béantes.

C'est dans une ambiance de guerre civile, dans une société affaiblie, avec des responsables politiques aveugles à ce qui se préparait, que l'immense pogrom barbare du 7 octobre a pu avoir lieu. *Ultimi barbarorum*. Se vérifie une fois de plus le principe selon lequel c'est de l'intérieur que les régimes politiques se brisent et que les sociétés s'effondrent d'abord. Le sentiment patriotique israélien que la guerre a ressuscité et qui ferait jalouser d'envie ou de haine les Européens ne pourra pas longtemps masquer le drame intérieur du pays : Israël est au bord du gouffre.

Mais ce gouffre n'est pas situé entre Israël et Gaza ou la Cisjordanie, il serpente en plein milieu du pays. Les oppositions révélées au grand jour, comme des plaies purulentes, y sont tellement à vif que pour les suturer, les apaiser et réenvisager un avenir, Israël n'a pas d'autres choix que de se refonder, ce qui, compte tenu des choix qui n'ont pu être faits depuis 1948, équivaut à une véritable fondation. Défi suprême et suprêmement angoissant, tant pour cela Israël aurait besoin désespérément d'un homme d'État, d'une sorte de Gaulle qui serait assez fort et incontesté pour rebâtir le pays après cette deuxième guerre d'indépendance, car c'est bien de cela qu'il s'est agi après le 7 octobre, et saurait faire la paix avec les ennemis du pays, et leurs nouveaux représentants non corrompus.

C'est à une véritable refondation qu'il devra se consacrer. Le premier acte de celle-ci sera de refermer l'abîme entre laïcs et religieux, notamment les plus ultra d'entre eux.

S'il ne faut pas mettre ces derniers dans le même bloc au regard de leurs opinions sur l'État, – entre les antisionistes, les messianistes du grand Israël, les racistes suprémacistes et kahanistes, les sionistes ultra-religieux, les divergences sont en effet profondes –, en revanche les lie la conviction que la Torah d'une manière ou d'une autre est le cadastre d'Israël, que Dieu est actif dans l'histoire à leur côté. Comme la démographie est du côté des ultra-orthodoxes et que, de 15 % de la population israélienne, ceux-ci passeront, *ceteris paribus*, à au moins 30 % dans les vingt prochaines années, il y a urgence. Sinon les créateurs de richesse dont la majeure partie est laïque quitteront le pays. Un cercle vicieux s'enclenchera : le pays sera de plus en plus religieux, de plus en plus pauvre et, sans aucun doute possible, de plus en plus intolérant et violent. Tel Aviv deviendra Téhéran sur Méditerranée. Si rien n'est fait pour inverser le cours des choses, ce spectre deviendra réalité. L'assassinat d'Yitzhak Rabin, un laïc parmi les laïcs, a été un tout petit avant-goût de ce qui pourrait hélas advenir.

Pour refermer l'abîme, il n'est d'autre solution que de séparer pouvoir civil et pouvoir religieux pour que les uns et les autres aient les mêmes droits et devoirs.

Nous avons en effet appris, nous Français, nous juifs de diaspora, qui avons médité la longue histoire politique de la France et de l'Europe, ses leçons, comme ses impasses, que lorsque la religion est associée au pouvoir, elle devient dangereuse, dangereuse pour elle-même car elle se dénature, et dangereuse pour la société qu'elle asservit et ligote dans ses croyances, ses superstitions manipulatrices, ses mécanismes d'autorité et de révérence imposés par son clergé. Une telle séparation n'empêche évidemment pas une vie religieuse, une participation à une vie de communautés mais sans que l'État n'octroie une quelconque once de pouvoir aux institutions religieuses.

L'urgence est donc de séparer religion et politique en Israël et de revenir sur le pouvoir exorbitant octroyé par Ben Gourion aux religieux quand, pour les intégrer dans l'État d'Israël, il confia aux orthodoxes le monopole de l'état civil, c'est-à-dire des mariages et des divorces et que, depuis, forts de ce pouvoir, ils bénéficièrent de plus en plus de droits financiers et politiques, jusqu'à compter un quart des députés dans l'actuelle Knesset. C'est un défi particulièrement difficile à relever, tant les avantages qui leur ont été accordés sont énormes : suspension du service militaire, distribution d'allocations pour étudier, absence du marché du travail.

Bien évidemment il serait déraisonnable de vouloir supprimer d'un seul coup ces octrois. Mais il est nécessaire de montrer un chemin, en espérant qu'un accord pourra être trouvé avec les plus raisonnables d'entre eux, avec ceux qui font droit à la raison et aux exigences du réel. C'est dans cette transition que résidera le grand art politique et c'est pour cela qu'il faut à Israël un homme d'État. Un État juif mais déconfessionnalisé aurait de plus l'heur de plaire à la grande majorité des juifs du monde entier, notamment ceux de diaspora, avec lesquels il serait urgent de renouer les liens et de ne plus les considérer comme des cohortes de supplétifs subalternes, destinés à augmenter la population juive israélienne vis-à-vis de la minorité musulmane, traduisant une vision bien étroite du sionisme. Car, à partir du moment où Israël est revenu à Jérusalem, où les Juifs sous la politique heureusement sage de l'Agence juive, bien plus sage que celle de la rabbanout en matière d'identité juive, peuvent y revenir comme bon leur semble, il n'y a plus d'exil. Les Juifs du monde entier forment ce peuple-monde et sont des partenaires égaux les uns des autres. *Kol Israël arevim ze laze.* כל ישראל ערבים זה לזה. Le sionisme est désormais à repenser.

Mais cette perspective strictement juive doit être doublée d'une perspective sociale pour éviter que ne se creuse le fossé avec les Arabes israéliens. Beaucoup a déjà été fait pour les intégrer à la nation, mais beaucoup reste à faire. C'est un autre des enseignements de l'Europe. Chaque fois qu'un clivage social est recouvert par un clivage religieux, chaque fois que les plus pauvres d'une société sont d'une autre religion que les plus riches, il faut se préparer à une guerre sans merci que rien ne peut arrêter : guerres de religion en France entre catholiques pauvres et protestants riches, guerre en Irlande du Nord entre les mêmes et pour les mêmes raisons, guerre au Kosovo entre musulmans pauvres et serbes chrétiens orthodoxes mieux pourvus. C'est la raison pour laquelle il faut en Israël un plan Marshall pour augmenter le niveau de vie des minorités appauvries, arabe comme ultra-orthodoxe juive d'ailleurs, et pour que le pays se sente pacifié et uni.

Évidemment ce plan Marshall devra aussi s'étendre à toute la zone, avec l'implication d'États arabes de premier plan, condition d'une paix viable entre ce qui sera deux États, indiscutablement la plus mauvaise des solutions. À l'exception de toutes les autres ! L'Arabie saoudite y sera appelée à jouer un rôle de premier plan.

S'il est exact que la majeure partie des États musulmans n'avaient pas souhaité la paix, trop englués dans une lecture littérale du Coran et des hadiths du Prophète, avec certains slogans hostiles aux Juifs, en revanche se font entendre maintenant des voix pour réfléchir à un aggiornamento de l'Islam, qui a de facto déjà débuté au point d'autoriser certains pays arabes à signer les accords d'Abraham. Ce n'est plus un rêve que d'imaginer que d'autres suivront, avec une lecture pacifiée du texte fondateur. C'est même une certitude, car trop de pays arabes y ont intérêt pour contenir l'Iran et pour bénéficier de la puissance économique israélienne. La seule incertitude est le temps que cela prendra. Mais il faut à tout prix que les esprits les plus éclairés fassent des religions en cause non plus une partie du problème, mais une partie de la solution. Nous aussi nous devons chercher le bon chemin pour construire une paix durable avec les enfants d'Ichmaël, sans illusion, ni romantisme aucun, mais parce que c'est nécessaire.

Formulons des vœux pour que le massacre du 7 octobre et la réaction israélienne à Gaza accélère la prise de conscience. Ne nous décourageons pas.

Méditons la parole du poète Hölderlin : « Là où croît le péril croît aussi ce qui sauve ».

Jean-François Bensahel
Co-Président de Judaïsme en Mouvement

7 octobre 2023 :
état des lieux cinq mois plus tard

François Nordmann

L'attaque du 7 octobre 2023 a été menée contre des civils par une milice armée non étatique avec une sauvagerie particulièrement bestiale, faisant 1 200 morts et se terminant par une prise d'otages. Elle a profité d'un effet de surprise dû à l'échec des services de renseignement israéliens et amplifié par la réaction tardive de l'armée. Elle a entraîné d'autres groupes armés non-étatiques liés à l'Iran à l'appuyer par des interventions contre des cibles israéliennes et américaines au Liban, au Yémen, en Syrie et en Irak. Elle a incité les États-Unis à stationner des navires de guerre à proximité des côtes israéliennes à titre de dissuasion envers l'Iran. Elle a entravé la navigation en mer Rouge, obligeant les cargos à changer d'itinéraire et réduisant le trafic maritime dans le canal de Suez. Elle a retardé la normalisation diplomatique en cours entre Israël et l'Arabie saoudite, remettant le problème palestinien au centre des préoccupations. Enfin, elle a libéré des flots de haine anti-juive dans le monde entier.

Israël a riposté en détruisant méthodiquement les tunnels et centres de commandement militaire du Hamas, au prix d'une brutalité trop souvent contraire au droit international humanitaire et à l'éthique juive. Le nombre élevé de victimes civiles témoigne que les règles d'engagement prévoyant l'emploi d'une force proportionnelle visant les seuls objectifs militaires n'ont pas été pleinement respectées. De ce fait l'opinion publique mondiale s'est majoritairement dressée contre Israël, notamment dans les pays du Grand Sud, au point que le conflit ouvert au Proche-Orient a interféré avec la guerre d'agression de la Russie en Ukraine. L'Iran est engagée indirectement sur l'un et l'autre front, par ses livraisons d'armes, de drones et de missiles, aussi bien aux groupements qui agissent sous son égide dans la région qu'à la Russie. Jusqu'ici, les craintes d'une extension du théâtre des opérations ne se sont pas matérialisées, en dépit de la drôle de guerre qui se déroule au nord d'Israël. L'Iran s'est gardée de toute action directe et a canalisé les tirs du Hezbollah contre le territoire israélien ; elle n'en est pas moins un acteur central des événements, agissant dans le cadre de son alliance anti-occidentale avec la Chine et la Russie.

Les centres de réflexion et les chancelleries ont mis en œuvre des plans pour un règlement politique de la guerre de Gaza. Le projet américain soutenu par les monarchies du Golfe prévoit une réforme de l'Autorité palestinienne, afin qu'elle soit en mesure d'exercer des responsabilités réelles dans les Territoires occupés. L'administration de Gaza lui serait confiée, l'État palestinien deviendrait une réalité et serait reconnu par Israël qui à son tour pourrait normaliser ses relations avec l'Arabie saoudite et l'ensemble des pays musulmans. Cependant le traumatisme engendré par le massacre du 7 octobre et les besoins de sécurité accrus de l'État d'Israël éloignent sans doute la faisabilité de ce programme, du moins à court terme.

Israël éprouvera la nécessité de réviser sa doctrine de sécurité à la lumière des événements survenus le 7 octobre, de l'effondrement des équipements de haute technologie censés protéger les habitants du sud du pays et des leçons tirées de la guerre conduite simultanément sur plusieurs fronts. La défense anti-missiles et anti-drones devra être renforcée, les forces armées professionnelles augmentées, les patrouilles terrestres multipliées et les installations essentielles devront être enterrées et, ô ironie !, reliées entre elles par un système de tunnels… Ce sont les idées que lance l'ancien général israélien Amos Yadlin dans Foreign Affairs. Les exigences de sécurité – y compris le contrôle militaire de Gaza – bloqueront pendant longtemps la réalisation des éléments politiques d'un éventuel plan de paix tel qu'esquissé plus haut.

Cet état des lieux ne saurait masquer le caractère unique du crime contre l'humanité commis le 7 octobre. Révélateur de la fragilité d'Israël, il renvoie aux temps des pogroms et de la Shoah, il secoue jusque dans ses fondements le mythe de la sécurité, de la force et de l'invincibilité d'Israël. Il exprime une soif de vengeance née de la haine découlant du problème non réglé de la Palestine. Il touche de plein fouet la Diaspora, victime de la résurgence de l'antisémitisme sous ses anciens et ses nouveaux visages, mise au défi à la fois par l'affaiblissement temporaire de l'État d'Israël et par la nécessité de s'engager davantage dans la recherche d'un règlement de paix équilibré.

François Nordmann
Diplomate

Le piège de la haine

Christine Pedotti

Tragédie

Face aux événements effroyables qui, une fois encore, ensanglantent cette terre que les trois grands monothéismes déclarent « sainte », il est bien difficile de poser des mots justes. Tout d'abord, à ceux et celles qui voudraient renvoyer dos à dos les deux partis, l'État d'Israël et le Hamas, ou encore à ceux et celles qui, pour tenter d'atténuer l'horreur, scandent le mot paix comme ils suceraient des bonbons, il faut rappeler que des mots comme « désescalade » ou « cessez-le-feu » n'ont pas plus de sens dans cette circonstance qu'ils n'en auraient eu au Bataclan, dans les bureaux de *Charlie* ou dans le métro de Bruxelles.

Ce qui a frappé en Israël porte un nom, le terrorisme, lequel tue pour tuer, massacre pour massacrer, sans autre objectif que d'instaurer la terreur et la haine. Car tel est le but du Hamas en massacrant des gosses qui dansaient, en exhibant des corps martyrisés de femmes ou des otages qui sont des enfants terrifiés, des mères affolées ou des personnes âgées : la terreur d'abord et la haine ensuite. Cette haine anime ces actes et espère faire surgir tant de haine en retour qu'il faudra des années, des décennies peut-être pour l'éteindre. Face à cette monstrueuse intentionnalité du mal, notre condamnation doit être absolue et radicale, sans aucun « mais ».

Dire cela n'empêche pas de dire en même temps que le gouvernement actuel d'Israël est l'un des plus droitiers que ce pays ait jamais connu, que le soutien public à la politique de spoliation et de colonisation fait le lit des extrémistes des deux côtés et que l'armée israélienne fait régulièrement usage d'une violence gravement disproportionnée à l'égard des populations palestiniennes, une violence qui tue. Ceci ne pouvant en aucun cas justifier la barbarie récente des terroristes du Hamas.

Et la suite ? Hélas, le déchaînement de la haine est quasiment certain. Le Hamas va donc atteindre son but. Peut-on appeler Israël à renoncer à la vengeance ? Oui, nous le pouvons et nous le devons afin d'espérer désamorcer le mécanisme implacable de la tragédie. Vouloir libérer les otages est légitime. Les venger sera un crime. Reste-t-il sur cette terre-là un peu de sagesse ? Si nous prions, que ce soit pour que la Sagesse dresse une table à laquelle des hommes et femmes de bonne volonté s'attableront.

12 octobre 2023

Le piège de Gaza

À l'heure de la rédaction de cet édito, l'armée israélienne n'est pas encore entrée dans Gaza. L'hésitation est légitime car le piège est évident, bien tendu et prêt à se refermer. Si les terroristes du Hamas ont pris le temps – en sacrifiant la vie de nombre d'entre eux – de commettre en Israël l'irréparable, c'est-à-dire des crimes d'une particulière abjection sur des civils, femmes, enfants et personnes âgées, c'est pour tendre ce piège et amener Israël à une réplique terrestre. La réponse aérienne par voie de bombardements « ciblés » a déjà fait plus de victimes côté gazaoui que les massacres perpétrés en Israël, ouvrant le comput d'une effrayante comptabilité macabre. Est-ce qu'une vie vaut une vie ou faut-il prendre en compte l'« intentionnalité » : un enfant tué de façon « collatérale » pèse-t-il moins lourd qu'un nourrisson égorgé ? Le premier élément du piège vient de se mettre en place. L'engagement des troupes terrestres israéliennes, précédé par le blocus du territoire et l'ordre d'évacuation vers le sud d'une population effarée, va en amorcer le second ; les victimes seront nombreuses. De part et d'autre, l'odieuse comptabilité va reprendre, accompagnée des images insoutenables d'hommes casqués, armés et surprotégés face à des femmes en larmes portant des enfants blessés ou morts. C'est toute la logique effroyable des guerres asymétriques qui s'enclenche là, guerres d'images et de communiqués. Le Hamas, d'ailleurs, dissuade la population de fuir, prêt à ajouter ce bouclier de civils aux otages israéliens qu'il détient.

Aujourd'hui, la victoire du Hamas est totale. Il a fait vaciller la certitude qu'avait le gouvernement israélien de pouvoir protéger sa population, et il va aisément gagner la guerre de l'opinion mondiale, d'abord auprès du « Sud global », ensuite dans de larges franges de l'opinion occidentale. Il a anéanti les espoirs de conciliation régionale nés des accords d'Abraham. Le sentiment de haine qu'il va faire surgir côté palestinien durera au moins une génération, de sorte que, même si Israël réussit à l'anéantir matériellement en écrasant Gaza, il renaîtra, par la force de cette haine, des cendres et des ruines. La seule issue est réellement héroïque. Elle consiste, pour Israël, à renoncer à la vengeance. Il faut pour cela un immense courage. La génération qui l'aura – sans doute pas celle-ci – y gagnera la paix.

19 octobre 2023

Otages

La violente attaque du Hamas contre Israël et la réplique de l'État hébreu en cours marqueront un tournant dans les grands équilibres géopolitiques du monde. Il est tôt pour en estimer l'ampleur et l'analyser, mais, d'ores et déjà, le mot otage donne des clés de compréhension. Les premiers otages sont bien entendu les hommes, les femmes et les enfants d'Israël retenus par le Hamas dans les souterrains de Gaza, destinés à servir de monnaie d'échange, peut-être, et à maintenir à haut niveau la vindicte israélienne. Quel deuil une nation meurtrie peut-elle entamer quand plus de deux cents des siens sont encore retenus et sous menace de mort ?

Otage aussi, la population de Gaza. Là, les responsabilités sont nombreuses et croisées. Bien sûr, en premier lieu, le Hamas, qui utilise les civils comme bouclier contre les attaques adverses – on sait désormais qu'un des quartiers généraux du Hamas est sous un hôpital – et brandit le comptage des morts comme arme de communication. Israël aussi tient les civils de Gaza en otage en imposant un état de siège au territoire. Là encore, les personnes se transforment en monnaie, comme le passage de l'aide humanitaire, qui constitue pourtant une nécessité vitale. Quant aux puissances régionales, elles règlent leurs comptes et recomposent les équilibres sur le dos des Palestiniens, une population qui ne suscite aucune véritable compassion – personne ne veut d'elle – mais devient une sorte de joker qui peut être instrumentalisé afin, par exemple, de rétablir la popularité d'un gouvernement vis-à-vis de son opinion publique.

Mais la gigantesque prise d'otages ne s'arrête pas là. Elle vise aussi l'opinion mondiale, sommée de prendre parti, de montrer de qui elle est solidaire, de dire quels sont les morts qui comptent et quel malheur est éligible à la compassion.

Chacun de nous est pris à partie, comme si pleurer devant les atrocités du 7 octobre ne permettait pas d'être bouleversé par le malheur des mères de Gaza, et inversement.

Dans cette prise d'otages à l'échelle mondiale, où les manipulateurs de la haine peuvent faire leur marché librement à coups de grands « Qui n'est pas pour moi est contre moi », la voie de la sagesse et de la mesure est étroite. Puisque nous avons la chance de demeurer à une certaine distance, nous pouvons refuser d'être otages. Prenons, pour l'avenir et la paix, la résolution de nous tenir à ce refus.

26 octobre 2023

La folie et la haine

Depuis trois mois maintenant, une guerre de haute intensité est en cours entre Israël et le Hamas dans la bande de Gaza et, de façon plus mesurée, entre Israël et le Hezbollah libanais. Ce déchaînement de violence autour d'une terre que les trois grands monothéismes qualifient de « sainte » nous horrifie.

Au lendemain de l'attaque du Hamas contre Israël, le 7 octobre, nous écrivions que ses exactions, dans leur abjection, visaient au déchaînement de la haine. Cette lecture s'est hélas révélée parfaitement exacte. De part et d'autre, la haine semble inextinguible. Et ce sont les populations civiles, et tout particulièrement les femmes et les enfants de Gaza, qui en payent le prix exorbitant. Le paradoxe effroyable est que le nombre de ces morts, de ces blessés, de ces disparus et l'intensité des destructions n'émeuvent ni le gouvernement israélien, ni le Hamas. Tous ces pauvres gens sont comptés pour rien au regard d'autres calculs.

Le gouvernement d'extrême droite de Netanyahou cherche à se maintenir au pouvoir le plus longtemps possible, à repousser autant qu'il le peut le moment où les commissions d'enquête établiront sa responsabilité dans la catastrophe du 7 octobre – alertes de sécurité ignorées, surveillance de Gaza négligée – et, pour Netanyahou lui-même, la menace de lourdes poursuites judiciaire pour corruption. Le Hamas, quant à lui, poursuit sa folle course idéologique, celle d'un islamisme armé et violent déversant sa haine sur Israël, dont il dénie l'existence, et les Juifs.

Dans ce maelström de rage et de malfaisance, est-il possible de prendre parti ? Oui, celui des victimes, de toutes, celles du 7 octobre, les otages et les habitants de Gaza. Mais la complexité est qu'elles le sont du fait des deux protagonistes. Pouvons-nous prendre parti entre les deux belligérants ? Oui, car Israël prétend être une démocratie et un État de droit. En conséquence, nous pouvons exiger qu'il se comporte comme tel et ne s'adonne pas à la barbarie. En Israël, avant le 7 octobre, des centaines de milliers de personnes manifestaient librement contre le pouvoir en place et, aujourd'hui, moins de 15 % de la population soutient Netanyahou. L'espoir est là, dans le ressort de la liberté et de la démocratie, qui n'est pas brisé et qui, prions pour cela, redonnera droit de cité à la raison.

9 novembre 2023

Antisémitisme

La parution du magnifique volume *Histoire juive de la France*, dont nous nous faisons l'écho cette semaine, percute de façon très particulière l'actualité. Une fois encore, se pose la question de la singularité juive, singularité qui a valu à ceux et celles qui se disent fils et filles d'Israël des siècles et des siècles d'inquiétude, pour le moins, de persécutions, souvent, jusqu'à la folie exterminatrice nazie. La violence du sentiment antisémite demeure une interrogation sur laquelle se sont penchés historiens, sociologues, psychanalystes… sans que le mot final puisse être dit.

Cette violence extrême s'est exprimée dans l'abjection du massacre commis par le Hamas les 7 et 8 octobre 2023, où femmes, enfants, vieillards, tous et toutes civils ont été traités pires que bêtes menées à l'abattoir. Le constat de la spécificité de la haine antisémite n'excuse en aucune façon les actes de guerre conduisant à la mort de civils à Gaza, mais il explicite la radicale différence de nature des actes des uns et des autres. Prendre conscience de la persistance du fait antisémite, y compris ici en France, ce n'est pas faire « deux poids deux mesures » mais tout au contraire soupeser le poids spécifique de la haine des Juifs, haïs non pour ce qu'ils feraient mais pour ce qu'ils sont.

La France a une triple singularité : la présence la plus nombreuse en Europe de citoyens et citoyennes juifs et juives, la présence de très nombreux citoyens et citoyennes musulmans et musulmanes, et l'usage d'une forme de laïcité particulière qui a permis l'émancipation des juifs et qui, en reconnaissant tous les droits aux citoyens et citoyennes, n'en accorde aucun aux communautés. Cette triple singularité l'expose de façon particulière.

Aujourd'hui, l'hydre infâme de l'antisémitisme redresse ses têtes et susurre aux oreilles des faibles d'esprit. Tout en insinuations et en sous-entendus, elle répand son poison lent et criminel. L'hebdomadaire d'extrême droite *Rivarol*, dans son éditorial, n'hésite pas à prendre la défense d'un Jean-Luc Mélenchon « diabolisé comme l'était hier Jean-Marie Le Pen » ; voilà qui doit nous alerter.

Pour autant, notre vigilance à l'égard de l'antisémitisme ne nous empêche pas de soutenir un processus de paix à deux États en

Palestine, ni de rappeler à l'État d'Israël ses obligations en termes de droit international : défense légitime, oui, vengeance, non.

11 janvier 2024

Christine Pedotti
Directrice de la revue *Témoignage chrétien*[1]

1. Entre le 12 octobre 2023 et le 11 janvier 2024, Christine Pedotti a écrit pas moins de cinq éditoriaux publiés dans la revue *Témoignage chrétien*, tous consacrés à la tragédie du 7 octobre 2023. Nous tenons à remercier Christine Pedotti de nous permettre de les donner à lire dans le cadre de ce collectif.

Un temps pour la guerre…

Francine Kaufmann

À l'heure où j'écris, nous sommes entrés dans la sixième semaine de guerre[1]. Les pronostics d'un embrasement de plusieurs fronts actifs sont devenus réalité, même s'ils restent pour l'instant limités. Nous nous concentrons sur Gaza.

Le temps s'est arrêté. J'évolue dans une bulle géante dont le reste du monde semble exclu. Avec moi, dans la bulle, les juifs de tous les temps, les victimes des pogroms, de la haine antisémite agissante, les pourchassés de la Shoah… Mon peuple, ma famille. Un acharnement millénaire. Les premiers mots qui me viennent à l'esprit quand j'apprends le massacre du 7 octobre sont ceux du poète Bialik, chargé d'enquêter sur les pogroms de Kichinev (1903 et 1905). J'ai enseigné dans mes cours de littérature hébraïque et juive son ode inoubliable intitulée « Dans la ville du Massacre ». Je connais par cœur aussi son autre poème sur le pogrom : *'Al Hache'hita* : « Sur la boucherie » :

> Maudit soit celui qui dira : vengeance !
> Une telle vengeance, la vengeance du sang d'un enfant,
> Satan ne l'a point encore inventée…

---

1. Première publication de cet article dans *L'Arche* n° 702, janvier-février 2024, p. 13-19.

C'est d'ailleurs par ces vers que Binyamine Netanyahou a entamé son premier discours à la nation, après un long silence inconcevable en ce temps de détresse. Et comme le Président Herzog, il a évoqué (sans le citer nommément) un texte des Manuscrits de la mer Morte : « Rouleau de la guerre des fils de la lumière contre les fils des Ténèbres », dans lequel les Esséniens énoncent les règles de la guerre eschatologique qui aura lieu à la fin des Temps. Nous sommes du côté de la lumière, et le Hamas du côté des Ténèbres, ont-ils affirmé tous deux. La presse mondiale y a vu une référence à la Guerre déclarée par le président Bush contre le terrorisme et l'Axe du Mal après les attentats du 11 septembre 2001. C'est que nos références sont bien différentes. De même que la loi du Talion évoquée par certains journalistes, est interprétée à tort comme la marque indélébile des Juifs vengeurs. Ne comprennent-ils pas que l'élan unanime de tout un peuple pour partir en guerre contre le Hamas est mu par la détermination d'effacer la menace qui pèse à nos frontières depuis tant d'années, par la volonté de mettre fin aux tirs de roquettes qui tombent régulièrement sur la population civile, sans avertissement, selon le bon vouloir de nos voisins. Le pays s'y était « habitué » sur le dos de la population du Sud. Les politiques et les diplomates aussi. Mais les cycles d'incursions, d'attentats, de bombardements, tous suivis de représailles de Tsahal n'ont jamais cessé. Les appels à délivrer la mosquée d'Al Aksa ont précédé « Le déluge d'Al Aksa ». Et ce n'est pas un hasard si la chaîne de télévision du Hamas, créée en 2006 s'appelle Al-Aksa TV. Le massacre du 7 octobre a montré que nul accommodement ne pourra supprimer la menace, devenue existentielle. Nous sommes confrontés à un islamisme sans concession, qui aspire à effacer toute présence juive de cette région qu'il considère comme *Dar al-Islam*, Terre de l'Islam. Il éprouve que nous souillons le sol islamique, d'autant plus que nous ne vivons pas dans la région en tant que *Dhimis* (tolérés et soumis à leurs lois), mais en tant que souverains et dominants dans notre pays. Le Hamas continue jusqu'à ce jour à ne pas nommer l'État juif qu'il désigne d'un terme abstrait : *ihtilal,* « l'Occupation ». L'évacuation physique de la bande de Gaza, en 2005, n'y a rien changé. J'ai cessé de croire que le Hamas palestinien et sunnite, tout comme le Djihad islamique, et que le Hisbollah chiite d'inspiration iranienne, accepteront un jour notre présence, donc notre existence au Proche-Orient. Il est devenu clair pour moi qu'aux yeux de groupements islamistes, le conflit n'a jamais été essentiellement territorial mais religieux. La charte « amendée » du « Hamas reformule le postulat de la destruction de l'État d'Israël en appelant à la création d'un État islamiste « du fleuve à la mer », donc du Jourdain jusqu'à la Méditerranée, donc à notre place. Si nous réussissons à faire la paix avec les Palestiniens, cela ne peut être qu'avec un interlocuteur non islamiste. Je n'ai plus d'illusions.

Un temps pour pleurer et un temps pour rire

Depuis cinq semaines, je ne dors plus normalement. Comme la plupart des Israéliens (et des juifs de par le monde). Je consacre mes soirées et une bonne partie de mes nuits à regarder les journaux télévisés, les magazines et les débats, sur les chaînes israéliennes et françaises. J'ai un besoin impérieux de savoir, de comprendre, d'entendre des avis contradictoires pour conforter ou infirmer mes opinions traditionnelles d'Israélienne de gauche, de femme pratiquante mais féministe et non '*haredite*, de sioniste convaincue mais pas nationaliste : je suis prête à des concessions pour permettre aux Palestiniens – non islamistes – d'exister à nos côtés, dans un pays à eux. Mais pas au Hamas ! Le Hamas s'est placé définitivement en dehors de l'humanité.

En ce moment même, sur l'écran de la chaîne 13 de la télévision israélienne, le journaliste qui anime la tranche horaire craque à deux reprises. Il pleure après les récits de deux survivants de la tuerie du 7 octobre. Il s'efforce de respirer fort, de se reprendre. Il s'excuse. « C'est trop, dit-il, un récit après l'autre, encore et toujours, c'est ingérable ! ». Au lieu d'enchaîner sur la suite du journal, il revient sur l'horreur qu'il vient d'entendre exposer. Le dernier témoin l'encourage. Il se ressaisit. Il reprend son intonation professionnelle et lance le sujet suivant. J'ai vu d'autres journalistes craquer, comme lui, les premiers jours : ceux qui, entre deux interventions en direct, ont reçu sur le plateau ou sur le terrain des appels au secours des civils du Sud qui les suppliaient d'envoyer Tsahal les sauver… Eux transmettaient à qui de droit les coordonnées GPS qu'on leur communiquait sur WhatsApp, sans savoir ce qu'il advenait de leurs correspondants assiégés, en fuite, blessés… Personne n'avait jamais rien vu de semblable. Par la suite, ils ont réalisé certains reportages les larmes aux yeux, haletants, luttant pour se contenir.

Le peuple entier est en état de choc, directement concerné, abîmé. On n'ose plus se dire : « Comment vas-tu » ? On se regarde en silence et on s'enlace. Quand je me réveille et quand je m'endors, je vois dans ma tête le visage des otages et je ressens l'humidité des tunnels où l'on espère pourtant qu'ils survivent. J'imagine le petit Kfir qui vient d'avoir dix mois. Je pense aux visages solaires des soldats de Tsahal, au Sud et au Nord, dans leurs chars et dans leurs campements, qui nous rassurent devant la caméra en disant qu'ils combattent pour nous protéger et sauver notre pays de la menace islamiste, je pense aux vivants et aux morts… J'imagine les journées surréalistes des 150 000 Israéliens actuellement réfugiés dans leur propre pays, déracinés des localités du Sud et du Nord devenues zones de combat, aux familles traumatisées par les événements et vivant dans la promiscuité d'une chambre d'hôtel exiguë, ou d'un logement temporaire loué ou prêté, tous marqués du signe du provisoire. Je pense aux centaines de blessés encore hospitalisés (ils étaient près de 4 000 les premiers jours), dont on ne parle presque jamais, sans doute pour ne pas démoraliser la population. Je me demande si la journée qui commence s'inscrira dans l'angoisse des salves de roquettes venues de la bande de Gaza ou du sud Liban ; s'il faudra descendre dans les abris… Je n'ai pas de *Mamad*, de chambre sécurisée. Mon immeuble a été construit en 1989, quand la loi ne prévoyait pas de *Mamad* obligatoire dans chaque appartement. Je vis au dernier étage, sous le toit, et pour atteindre l'abri de l'immeuble je devrai dévaler quatre étages en une minute et demie. Je me réfugie en général dans la cage d'escalier, et si le boum est vraiment proche et très fort, je descends passer les dix minutes restantes réglementaires dans l'abri, consciente que des retombées de débris de roquettes et de missiles du dôme de fer risquent d'endommager mon bâtiment. Mais pour la première fois, je me dis que les quartiers arabes de Jérusalem-Est qui se trouvent sur les collines d'en face, de l'autre côté de l'ancien *No man's land* avec la Jordanie (que je dois être l'une des seules à garder en mémoire, parmi mes voisins), que ces quartiers où des Arabes modérés vivent aux côtés de cellules terroristes repérées, peuvent soudain se retourner contre nous. Dans mes cauchemars, je vois déferler des terroristes armés jusqu'aux dents qui pénètrent dans la maison et défoncent porte après porte. Le jour revenu, je continue à cohabiter en bon voisinage avec ces Arabes israéliens que je rencontre au supermarché, au dispensaire de la Caisse de maladie, à la pharmacie, au garage, dans les bus et les rues. Car à ma grande surprise, les rendez-vous pris pour les vaccins, examens saisonniers, etc., ont été maintenus et je profite de ces sorties « nécessaires » pour faire quelques courses, en voiture ou dans les transports en commun. Il fait beau et je me sens délicieusement coupable de vaquer à des occupations quotidiennes, d'aller au marché de *Ma'hané Yehouda*, de flâner un instant comme si aucune alerte ne menaçait. Il faut vivre. Il faut même respecter les dates des fêtes de famille prévues, ne surtout pas les annuler. Ce serait faire le jeu du Hamas, qui veut que nous vivions dans la terreur. Ma nièce Chochana, de Modiine Ilite, a donc maintenu la réception qu'elle offre pour la Bar-Mitsva de son fils, Shmouèli. Elle me confie qu'elle a pensé à mon père, rescapé d'Auschwitz, qui disait toujours que sa plus grande victoire sur Hitler était la vaste famille 'harèdite issue des douze enfants de mon frère. À ma grande surprise, toute la famille est représentée : venue d'Achdod, de Haïfa, de Bné Brak, de Bétar, d'Elad, de Modiine, de Beyt Chèmèche et de Jérusalem, sans souci des roquettes qui continuent de tomber au hasard sur la population civile. Quelle joie de nous retrouver tous pour un moment de fête et d'affection. Mon neveu Nathan me raconte que son ami, bénévole de Zaka, a eu l'horrible tâche de transporter le petit cadavre d'un bébé retrouvé dans un four. On n'en parle pas encore dans les médias. C'est une rumeur qui commence à courir. Mon neveu a un visage de craie en me racontant les détails que son ami lui a confiés. Il a besoin de se délivrer sur moi de ce lourd secret. J'interroge une petite nièce d'Achdod sur la situation dans sa ville si souvent bombardée. Ayeleth hausse les épaules. Je n'insiste pas. Je sais qu'elle a eu besoin, il y a des années, d'un suivi psychiatrique coûteux et prolongé. Elle était devenue mutique par suite des alertes répétées et des descentes dans l'abri. Elle semble cependant avoir retrouvé son allant. Sa famille a passé la première semaine de guerre chez mon frère à Bné Brak, pour échapper aux roquettes. Mais outre le fait que Bné Brak a également été ciblée, ils ont préféré retourner au bout d'une semaine dans leur appartement, et retrouver leurs chers voisins pour lesquels ils étaient inquiets. Curieusement, me dit la maman, les petits ont cessé de s'accrocher à sa jupe et tous ont retrouvé leur joie de vivre à Achdod, et le confort d'être à la maison… même en l'absence de *Mamad.* Yissakhar, mon neveu de Haïfa me raconte ses dernières expéditions sur le front. Dès le début de la guerre, le groupe d'étudiants et d'universitaires qu'il dirige s'est mis au service des civils sinistrés et de Tsahal. Ils recensent les besoins, collectent des dons, préparent des colis assortis de dessins et de lettres d'enfants, et des repas à réchauffer qu'ils partent livrer sur place avec leurs véhicules personnels, en payant leur essence. Ils ont pu acheter des gilets pare-balles en céramique, des vêtements et sous-vêtements, des produits de première nécessité, des kits de Chabbat, et des monceaux de nourriture faite maison, qu'ils viennent offrir aux unités sur le front, aux villes bombardées comme Sderoth au Sud et Chlomi au Nord, aux réfugiés, aux familles des otages qu'ils réconfortent et pour lesquelles ils prient. Une nièce par alliance me reproche de trop regarder les nouvelles à la télévision. Elle m'explique que je serais plus utile en récitant des *Tehilim.* Elle et ses filles ont déjà lu à huit reprises tout le Psautier, pour la protection des soldats et du pays. La plupart de mes petits-neveux ont redoublé d'énergie pour étudier la Thora : « Nous sommes les soldats d'Israël » me disent-ils, avec un sourire convaincu qui illumine leur visage. Je fais la moue, mais je les félicite : Dieu reconnaîtra les siens. Sur la route du retour, aucun de nous n'est bloqué par une alerte. Mais en allumant la télévision à Jérusalem, j'apprends qu'une roquette vient de tomber de plein fouet ce soir sur l'autoroute qui va à Achdod, mettant le feu à un véhicule et à un pylône. Je n'en parle pas à mes neveux. N'appartenons-nous pas tous, selon l'expression récemment créée, au « front de l'arrière » ?

Nahafokh hou : c'est le contraire qui s'est produit

Pendant des mois j'avais tremblé pour l'avenir d'Israël. La discorde, la violence, les injures qui s'étaient répandues au sein de la société israélienne faisaient craindre des scissions irréversibles. Les dernières élections qui avaient introduit dans le gouvernement deux partis et leurs ministres ultra-nationalistes religieux avaient produit un sursaut des progressistes, essentiellement laïcs. Devant la présence agissante des partis religieux orthodoxes et des nationalistes extrémistes, on sait que la gauche a suscité des manifestations massives de plus en plus agressives, et appelé les réservistes à ne plus servir dans l'armée sous la direction de ce gouvernement « dévoyé ». Or en quelques heures d'invasion et de massacres inouïs, le Hamas a soudé le peuple tout entier, juifs de gauche et de droite, pacifistes et nationalistes, ultra-orthodoxes et athées, Arabes bédoins et druzes, chrétiens ou musulmans, tous se sont levés comme un seul homme pour défendre leur pays et leurs concitoyens. Tous les réservistes ont répondu sans exceptions à l'appel de leurs unités, beaucoup revenant de l'étranger où ils étaient en vacances, en stages, voire en résidence permanente. Un élan irrésistible de solidarité et de fraternité, un héroïsme et une prise de responsabilité de la société civile a renversé la donne. Face à un gouvernement absent et désorganisé, c'est le peuple qui a pris en main la résistance et la gestion de la vie quotidienne. Certaines municipalités, comme celle d'Elath sous la direction d'Elie Lancry, ont pris les devants, sans attendre les décisions du gouvernement en matière d'économie d'urgence, d'éducation, de logement des réfugiés. Elles ont ouvert leur budget municipal avant même d'avoir reçu des fonds et des engagements des ministères concernés. Désertée par les touristes, Elath a doublé sa population en quelques jours. 30 000 déplacés de Nahal Oz et de Kerem Chalom ont été accueillis et nourris dans les hôtels, intégrés dans les écoles. On parle de bientôt 60 000 réfugiés à Elath, grâce à des villages de tentes. Ce n'est qu'un exemple.

La cohésion de la société israélienne est renforcée par l'existence des médias sociaux, qui permettent de créer des contacts immédiats entre les demandeurs de soutien et les bénévoles en nombre considérable. Des cellules de crise sont créées pour envoyer des psychologues et des psychiatres bénévoles aider les adultes et les enfants victimes de chocs. Des coiffeurs et des esthéticiennes (souvent au chômage), des physiothérapeutes et des masseurs, des clowns médicaux, des assistantes sociales, des avocats et des conseillers financiers offrent leurs services gratuitement dans les hôpitaux, dans les centres de rassemblement des rescapés et près des carrefours qui mènent au front. Jardinières d'enfants et enseignants improvisés encadrent les enfants d'âge scolaire dont les écoles sont fermées. Des associations se cotisent pour leur acheter des ordinateurs afin qu'ils puissent étudier à distance : un téléthon organisé par la chaîne 11 a rapporté huit millions de sheqels à cet effet. Des « lavandières » se sont organisées pour récupérer, laver, parfumer et restituer le linge des soldats au front. Service express garanti, avec un petit mot gentil et un cadeau. D'autres lavent le linge des déracinés dans les hôtels. Des particuliers prennent leurs voitures et se transforment en coursiers : ils vont chercher des lunettes de vue oubliées à la maison, des animaux domestiques abandonnés dans l'urgence, des médicaments et des produits de première nécessité, des albums photos, dans les localités sinistrées et ils les rapportent à leurs propriétaires, où qu'ils soient. Des restaurants offrent des milliers de repas livrés par une armée de volontaires. Haïm Cohen, un chef étoilé vedette des émissions culinaires de la télévision, parcourt les routes avec sa caravane pour cuisiner sur place, par exemple à Ofakim ou dans la ville bédouine de Rahat (villes dont des dizaines d'habitants ont été massacrés par le Hamas). Chanteurs et comédiens se produisent bénévolement devant les soldats et la population traumatisée. Lycéens, chômeurs et autres volontaires, unités de l'armée en journée de repos, vont assurer la cueillette des fruits et légumes, le ramassage des œufs, voire la traite des vaches pour les agriculteurs du Néguev occidental (= *Otef Aza*, l'Enveloppe de Gaza). Une coopérative créée ad hoc leur achète sur place leur production et va la vendre au centre du pays, à prix coûtant (sans intermédiaire). L'imagination créatrice de ce peuple admirable me réconforte et me donne à croire que notre société peut se relever demain, même si les dissensions ne disparaîtront pas du jour au lendemain. Quelque chose a changé : Les préjugés s'effritent de part et d'autre. La découverte des uns par les autres laisse présager une profonde restructuration sociale. La part prise par les ultra-orthodoxes dans cette guerre les fait sortir de leur bulle et les rapproche des non religieux. Ils ont déposé près de deux mille demandes d'incorporation dans l'armée dès le début de la guerre. Cent vingt *'Haredim* ont déjà terminé une période de formation accélérée et ont été mobilisés. Ils serviront dans un premier temps de chauffeurs, de personnel soignant, d'informaticiens, de rabbins etc. Des jeunes femmes ultra-orthodoxes ont effectué un service civil à l'armée en préparant des kits de premier secours (bandages etc.). Zaka, (association 'haredite desservie un temps par le scandale provoqué par son fondateur), est louée sans réserve par le pays tout entier. Leurs bénévoles sont appelés : les anges. Ce sont eux qui ont été chargés de rassembler les corps mutilés et carbonisés, le sang séché et les os dispersés, pour permettre d'identifier les victimes des massacres du Néguev occidental et de les enterrer dignement. Dans un autre ordre d'idée, les femmes ont définitivement fait preuve de leur excellence comme combattantes de Tsahal, et de leur héroïsme. Beaucoup de Bédouins et de Druzes ont combattu dans l'armée avec la vaillance qu'on leur connaît et des civils de leurs communautés ont sauvé des civils juifs pourchassés, souvent au risque de leur propre vie.

Aujourd'hui, je crois profondément que notre société sortira meilleure de la guerre, que la cohésion et la solidarité ne seront pas remises en cause, malgré nos dissensions idéologiques et politiques, que le respect de l'autre gagné dans l'action commune ne s'effacera pas. Ce que le Hamas a présenté comme une écrasante défaite pour Israël se transformera en victoire grâce au sursaut inouï de la société israélienne. *Am Yisraël 'hay.*

Jérusalem, 13 novembre 2023

Francine Kaufmann
Professeur des Universités,
A enseigné à l'université Bar-Ilan,
Ramat-Gan, Israël

Note sur un monde qui vacille et si les Juifs y ont une place

DAN ARBIB

Le 7 octobre n'est pas terminé

Si un événement dure autant que ses effets, alors le 7 octobre n'est pas terminé. Le 7 octobre a d'abord obscurci notre horizon, puis il l'a clarifié : nous avons compris. Nous pouvons à présent mieux que jamais discerner entre nos amis et nos ennemis. Le 7 octobre a jeté une grande clarté sur toutes choses. Aujourd'hui encore, la position d'un homme par rapport au 7 octobre révèle sa nature. En politique surtout, mais aussi dans le monde domestique de nos amitiés, chacun occupe à présent une place qu'il chérit jalousement. Je ne craindrai pas de dire que le 7 octobre a divisé l'humanité en deux : ceux avec qui il est possible de parler et ceux avec qui il n'est pas possible de parler. Avec ces derniers, nul point commun : que dire à celui dont le cœur ne saigne pas devant l'éventration des femmes et les viols des enfants ? La division fut nette et immédiate. Depuis, les discours l'ont confirmée, amplifiée et précisée : peu de transferts d'un côté à l'autre, peu d'incertains, d'indéterminés ou d'indéterminables. Au moment d'écrire ces lignes, le 7 octobre demeure un *marqueur politique*, comme disent les journalistes ; mieux : un marqueur éthique.

Les Juifs depuis se sentent seuls, ou ont retrouvé leur solitude. Peu se sont levés pour pleurer avec eux leurs morts et pour faire mémoire de leurs filles violées, ou si brièvement. On ne le dira jamais assez : la mémoire juive est une mémoire blessée, dont les plaies, toujours à vif, menacent toujours de saigner ; chaque crime rappelle tous les autres, draine avec lui les millions de martyrs, de suppliciés, de torturés, de l'histoire juive. Le 7 octobre a réveillé cette mémoire-là. Quinze jours, quinze tout petits jours, auront suffi pour que la sympathie des nations se taise et que la pitié à son tour s'éteigne. Le juif s'est retrouvé assigné à une histoire qui *rechute*, et qui répète *par le bas* le mystère que constitue, *par le haut*, l'élection d'Israël ; mais ils ne veulent pas de cette élection-là. Et pourtant il leur faut reconnaître, tout de même, que, si intense et si profond que soit leur sentiment de solitude, il n'est pas vrai qu'ils soient seuls : car, s'il y eut bien des trahisons, des déceptions, des ruptures, il y eut aussi, et il y a toujours, pour sauver l'honneur, des âmes d'une fidélité généreuse et inébranlable. Je pourrais citer des noms ; et ma gratitude est infinie envers ceux qui, au moment du grand dévalement du monde, nous ont tendu une main secourable.

Le double ébranlement

Car le 7 octobre fut pour nous, Juifs de France, un double ébranlement. Israël parut alors ce qu'il avait peut-être toujours été : un colosse aux pieds d'argile ; et nous vîmes ce jour-là l'argile. Mais il ne fallut pas longtemps pour que la France aussi à nos yeux défaillît : les universités, les milieux politiques, les simples citoyens, tous commencèrent à disputer, à pinailler, à nuancer, à « expliquer » ; et l'on s'aperçut bien vite que la France aussi était tombée : qu'on juge aujourd'hui si la dévastation n'est pas totale. Les deux piliers des Juifs des France avaient donc vacillé : Israël, socle de la mémoire et de l'espoir, et la France, l'épicentre de leur vie, leur terre d'élection. Double deuil, double veuvage.

Peuple deux fois orphelin. Monde où l'on voit encore assez clair pour savoir qu'il s'est obscurci. Car depuis, s'impose le projet partagé par beaucoup d'un *monde sans juifs*, d'un monde d'où les *sionistes* – autre nom des juifs – auront été expulsés.

D'où l'impression très vive que, depuis le 7 octobre, le monde entier s'effondre. Les digues sautent, les discours se libèrent, la censure cède : partout, on est devenu fou. Le 7 octobre a inauguré un monde envahi par un inconscient sorti de son lit. L'emballement est général. Quiconque cherche encore un cadre ou des règles à même de rendre le monde encore habitable passe pour un faible auprès de ses ennemis et, pire, auprès des siens. Tous veulent en découdre. Jamais, ces dernières décennies, le monde n'avait été si gros d'une violence débordante. Il n'est plus rare, il n'est plus étonnant, il n'est plus *problématique*, d'entendre scander le mot de ralliement « Israël assassin ! » Quand on sait qu'Israël ne désigne pas tant dans la Bible l'État d'*Israël*, que d'abord le *peuple d'Israël* – le peuple juif, donc –, comment ne pas percevoir derrière ce cri du manifestant en keffieh la haine profonde du juif ? Cette haine ne prend même plus la peine de se camoufler. Elle est devenue l'évidence même.

Pourtant plus que jamais il importe de ne pas perdre la raison ; de ne pas céder aux facilités des tableaux apocalyptiques et aux complaisances de la victimisation ; de maintenir vives les lumières. Parce que le 7 octobre menace toujours de nous faire perdre la tête, il la faut conserver bien fermement. Continuer de croire aux possibilités de la raison, de l'analyse critique ; s'imposer un travail de discernement, de distinction, d'intelligence. Faire entendre la voix des concepts rigoureusement définis – car n'est-ce pas toujours de la confusion que nous mourons ? Revenir, inlassablement, sur les sens des concepts de *génocide*, de *colonie* ou d'*apartheid* ; refuser même le concept de *tragédie*, s'il est vrai que le tragique qualifie une situation où le droit des deux partis est égal et la justice indéterminable. Enfin, refuser, par un gigantesque effort de la volonté, de qualifier la situation d'indémêlable et d'inextricable : refuser les prestiges des culs-de-sac et des apories. Car c'est cela aussi, résister ; et il le faut, quand bien même nous nous sentirions devenir, hélas ! fous de tristesse et de désespoir.

Dan Arbib
Maître de conférences à Sorbonne-Université

L'après 7 octobre : un Titanic des gauches en démocratie

Nathalie Heinich

Le désastre du 7 octobre n'a pas fait s'effondrer que l'illusion d'une invincibilité d'Israël, ni celle d'une possible solution militaire au conflit israélo-palestinien[1]. Il a aussi mis au grand jour, vu depuis chez nous, un autre désastre : celui, dans les sociétés démocratiques, d'une partie de la gauche, qui a basculé dans le soutien direct ou indirect au Hamas, depuis le refus de qualifier cette attaque de « terroriste » jusqu'à la reprise de slogans appelant ouvertement à la destruction d'Israël (tel le tristement célèbre « la Palestine, du Jourdain jusqu'à la mer »), en passant par l'argument de la « résistance », qui souille un mot fétiche de la mémoire nationale.

Et cela n'est pas le fait, en France, que de quelques groupuscules, tels le NPA (Nouveau Parti Anticapitaliste) ou le PIR (Parti des Indigènes de la République), mais aussi d'un parti dûment représenté au Parlement, et qui a même prétendu pouvoir emporter une élection présidentielle – à savoir LFI (La France Insoumise).

Un quintuple désastre

Désastre : la lutte contre l'antisémitisme, qui fut longtemps un marqueur important de la gauche, a ainsi été abandonnée

1. Ce texte a été initialement publié dans *Telos*, le 22 février 2024.

par des gens qui se prétendent de gauche. Si l'on sait depuis longtemps que l'antisémitisme est « le communisme des imbéciles », l'on comprend aujourd'hui que l'antisionisme est devenu l'anticolonialisme des médiocres.

Désastre : la défense de la laïcité se trouve aussi remisée au placard, puisque ces gens qui se prétendent de gauche préfèrent prendre le parti d'un mouvement politique devenu, avec le Hamas, à la fois militaire et explicitement islamiste. Ces militants soi-disant « de gauche » sont prêts à soutenir les pires bigots pour peu qu'ils soient identifiés comme des « dominés », dans la droite ligne de l'islamo-gauchisme – terme opportunément créé au début des années 2000 par Pierre-André Taguieff[2]. N'oublions pas l'indigne déclaration de Jean-Luc Mélenchon, le 12 novembre 2020, justifiant ainsi sa participation à la « marche contre l'islamophobie » organisée par le défunt CCIF : « Il y a dans ce pays, fabriquée, alimentée par tout un courant d'idées, une haine des musulmans déguisée en laïcité. »

Désastre : le combat pour l'égalité et pour l'émancipation des femmes – là encore un classique marqueur de la gauche – passe aux oubliettes, noyé dans la glorification d'un islam devenu, par la grâce de l'inversion victimaire, synonyme de lutte contre la domination, même lorsqu'il condamne les musulmanes à n'exister dans l'espace public qu'à l'état de zombies.

Désastre : la lutte contre l'homophobie et les discriminations liées à l'orientation sexuelle a sombré elle aussi dans ce naufrage du Titanic de la gauche radicale – une cause qui pourtant, elle aussi, appartient au catalogue des combats de la gauche. Que l'homosexualité soit diabolisée par les intégristes islamistes, que des homosexuels soient même défenestrés dans les pays gouvernés par la charia, cela ne semble pas inquiéter les militants LGBT

2. Il le rappelle notamment dans *Le Nouvel Opium des progressistes. Antisionisme radical et islamo-palestinisme*, Gallimard-Tracts, 2023.

« *Hamas friendly* », qui n'hésitent pas à proclamer leur soutien à leurs potentiels bourreaux tels des poulets courant se mettre sous l'aile de KFC (*Kentucky Fried Chicken*).

Désastre enfin : alors que le soutien à la démocratie est – ou du moins devrait être – un pilier de la gauche, voilà qu'une fraction d'entre elle soutient ouvertement les régimes les plus autoritaires, despotiques et anti-démocratiques pour peu qu'ils se déclarent victimes du seul pays démocratique au Proche-Orient (en dépit des politiques désastreuses menées par certains de ses gouvernants, et par l'actuel au premier chef). Victoire donc de l'éternel retour au dogme stalinien « la fin justifie les moyens »...

Comment comprendre ce quintuple naufrage d'une partie de la gauche occidentale, advenu aussi soudainement, aussi brutalement, aussi impitoyablement depuis le 7 octobre ?

L'iceberg du wokisme

Il n'était pas difficile, pourtant, de l'anticiper. Car ce tournant inconditionnellement propalestinien, allant jusqu'au soutien assumé à ce qui mérite l'appellation d'« islamofascisme », s'appuie sur deux idées de base. La première est le communautarisme, qui assigne par principe tout individu à une communauté identitaire essentialisée : ici, « les Juifs », sans distinguer entre juifs de religion et Juifs d'ascendance ou de culture ; « les Israéliens », sans distinguer entre Israéliens juifs et Israéliens arabes ; et « les Palestiniens », sans distinguer entre les musulmans pieux et ceux qui se sont détachés de la religion, ni entre ceux qui soutiennent les militaires du Hamas et ceux qui les exècrent, ni entre ceux qui aspirent au Jihad et ceux qui aspirent à la démocratie – sans même évoquer les Chrétiens et les Druzes.

La deuxième idée est la focalisation exclusive sur le couple dominant/dominé, assignant le premier terme à une soi-disant

« communauté » et le second à une autre, ignorant du même coup qu'il existe différents facteurs d'inégalité. Ignorant, donc, que toute inégalité n'est pas réductible à la domination ; et ignorant, par exemple, qu'un petit ouvrier juif pèse de peu de poids face à l'héritier d'une grande famille palestinienne, ou qu'une musulmane est infiniment plus « dominée » dans sa propre famille que son mari ne l'est à Gaza pour peu qu'il soit membre du Hamas, exploitant sans vergogne ses concitoyens, les utilisant comme boucliers humains et détournant à son profit les aides humanitaires.

L'on voit donc ici à l'œuvre deux conceptions régressives des rapports sociaux : le communautarisme, héritier du clanisme et du tribalisme, et l'obsession de la domination, basée sur un manichéisme infantile. Or c'est leur croisement qui fait la caractéristique fondamentale d'un phénomène bien identifié depuis quelques années dans les sociétés occidentales : le wokisme, dont j'ai montré les aspects inquiétants derrière sa façade apparemment progressiste[3], en soulignant notamment ses accointances avec l'antisémitisme[4].

Le désastre des gauches d'après le 7 octobre n'est donc que la partie émergée de l'iceberg du wokisme, dont nous avons été quelques-uns, depuis quelques années, à signaler le danger[5], en dépit de la frilosité de tant de nos pairs, paralysés à l'idée que la légitime critique du wokisme ne les assimile à la droite trumpiste – exactement de même que, il y a soixante ans, une partie de la gauche répugnait à dénoncer le goulag de peur d'être stigmatisée comme « impérialiste ». Car en choisissant

3. Nathalie Heinich, *Le Wokisme serait-il un totalitarisme ?*, Albin Michel, 2023 ; « L'entrisme sémantique du wokisme », *Telos*, 28 décembre 2023.
4. Nathalie Heinich, « L'antisémitisme, angle mort du wokisme », *Le Droit de vivre*, 26 juin 2023.
5. Voir le site de l'Observatoire des idéologies identitaires, créé en janvier 2021.

de défendre inconditionnellement des « dominés » constitués en « communautés » (Palestiniens, musulmans, femmes, homosexuels, noirs…), l'idéologie *woke* en vient inévitablement à oublier de défendre non plus des clans, mais des valeurs : le « campisme », autrement dit le parti pris pour un camp contre un autre, tient rapidement lieu de réflexion politique et morale.

C'est ce naufrage de la référence à des valeurs constituantes qu'actait déjà l'avancée du wokisme et, avec lui, de l'islamo-gauchisme[6] – un naufrage qu'est venu faire éclater au grand jour le sinistre basculement de la gauche radicale, qui s'est ainsi coupée des valeurs fondatrices de la gauche.

La guerre des gauches

Kamel Daoud, pourtant, avait sonné l'alarme une semaine après l'attaque : celle-ci, écrivit-il, est « une défaite pour la cause palestinienne » du fait qu'elle est « la confirmation d'un messianisme antijuif. Désormais talibanisée, la "cause" alimente une judéophobie strictement haineuse[7] ». De cette défaite que constitue, selon les mots de Taguieff, la « jihadisation du conflit israélo-palestinien », la gauche propalestinienne aurait pu prendre acte, en condamnant fermement une dérive barbare qu'aucune cause politique, aussi juste soit-elle, ne peut justifier, et en ayant le courage de dire cette vérité : le Hamas est le pire ennemi du peuple palestinien. Elle aurait ainsi fait preuve non seulement de lucidité mais aussi, tout simplement, de dignité.

---

6. Comme le dit très bien Pierre-André Taguieff : « La "wokisation" de l'islamisme radical palestinien représente le dernier moment en date de la grande vague islamo-gauchiste observable depuis plus de deux décennies » (entretien à *Transfuge*, 8 février 2024).

7. Article « Une défaite pour la cause palestinienne » de Kamel Daoud dans *Le Point*, 13 octobre 2023.

Seulement, il faut bien aujourd'hui le reconnaître : la gauche radicale est indigne – indigne, en tout cas, des valeurs de la gauche. Et c'est pour cette raison que j'ai titré le présent article « un Titanic *des gauches* », au pluriel : car « la gauche », désormais, ne signifie plus grand-chose. Il n'existe plus que « des » gauches, en guerre l'une contre l'autre, ou qui du moins devraient se déclarer clairement telles. Les gauches ne peuvent plus se dire qu'au pluriel. Et c'est l'une des conséquences majeures du 7 octobre dans les pays occidentaux, de Paris à Harvard, de Rome à Londres et de Madrid à Berlin.

La gauche universaliste, rationaliste, laïque, démocratique, attachée à la liberté d'expression et liguée contre l'antisémitisme – cette gauche-là n'a plus rien à faire avec une soi-disant gauche qui méprise ces valeurs, les ayant troquées contre le prêt-à-penser du wokisme, et qui n'affiche sa détestation de l'extrême droite que pour lui ouvrir un boulevard par ses outrances. C'est pourquoi la « gauche radicale » n'a pas à s'arroger le monopole de la représentation de la gauche, pas plus que Benjamin Netanyahou n'a à s'arroger le monopole de la représentation d'Israël, et pas plus que le Hamas n'a à s'arroger le monopole de la représentation du peuple palestinien.

Ce que le 7 octobre nous aura donc appris, finalement – mais encore faut-il en tirer sérieusement la leçon – c'est que la gauche ne peut retrouver sa dignité qu'en se coupant résolument de sa faction radicalisée. Cette rupture, nous la devons à nos idéaux progressistes, comme nous la devons à tous ceux qui, en Israël, militent pour une paix équitable et durable – c'est-à-dire pour la survie du pays.

NATHALIE HEINICH
Sociologue

Pogroms année hébraïque 5784

Sonia Sarah Lipsyc

Dès qu'il y avait un bruit qui la faisait sursauter
Ma grand-mère s'exclamait : « Cosaques » !
Elle désignait ainsi Bogdan Khmelnitski
À la tête de ses hordes armées
En 1648, ils déferlèrent en Ukraine, en Lituanie, en Volhynie et en Pologne
Et décimèrent sur leur passage des communautés juives
Ils firent une centaine de milliers de victimes
« Aux uns […] on coupa pieds et mains […]
D'autres furent frappés de multiples blessures […]
On les jeta dehors pour qu'ils meurent lentement
Se tordant de douleur dans leur sang jusqu'à ce qu'ils expirent […]
On égorgea les enfants dans le giron de leur mère
Aux femmes enceintes on fendit le ventre, on en sortit les fœtus et on leur en battit le visage […]
Ils couchèrent avec des femmes devant leurs maris »
Témoigne Nathan Nata Hannover, un rescapé[1]
Ces meutes déchaînées brûlèrent ces martyrs, morts ou vifs
Et capturèrent les autres comme esclaves
Ma grand-mère vivait trois siècles après leur meurtrier en chef
Aujourd'hui encore, c'est un héros national en Ukraine
Sa statue trône malheureusement sur la place de Kiev.

1. Nathan Nata Hannover, traduit par Jean-Pierre Osier, *Le Fond de l'abîme. Les Juifs dans la tourmente des guerres cosaco-polonaises 1648-1650*, Éditions du Cerf, Paris, 1991 p. 61.

Durant la Shoah
Les nazis assassinèrent les nourrissons juifs
Abraham Fibusowitsch, un survivant raconte
Comment après avoir demandé à des centaines de familles juives
De nettoyer le stade de Pogrebistchi
Les soldats allemands déboulèrent sur le terrain en tenue de sport
« Ils ont arraché les nourrissons des bras de leurs mères
Ils les ont utilisés comme ballons, en leur donnant des coups de pied
Et en les faisant rebondir.
En peu de temps, le sol fut inondé de sang [...]
Beaucoup sont devenus fous, d'autres sont morts de peur[2] ».
Sans distinction, les cosaques comme les nazis
Assassinèrent nourrissons, enfants, femmes, vieillards, hommes
Avec distinction, les cosaques comme les nazis
Choisirent souvent les dates des fêtes juives
Pour humilier, attaquer et tuer les Juifs.

Il y eut 1188 personnes assassinées ce jour-là du 7 octobre, même si ces chiffres morbides varient quelque peu, car toutes les personnes disparues n'ont pas encore été retrouvées ou identifiées. 251 ont été kidnappées, et sans doute que 40 d'entre elles sont déjà mortes ; 4834 personnes ont été blessées, amputées, mutilées. Je le lis sur la carte interactive[3] des lieux du massacre. Car il en existe une. Ils vivaient à Kfar Azza, Nahal Oz, Beiri, Nir Oz, des kibboutz de gauche favorables à la coexistence avec les Palestiniens et à la solution à deux États. Les jeunes soldates et soldats étaient sur leurs bases ou à leurs postes. Ils résidaient dans les petites villes d'Ofakim et de Netivot. Ils dansaient à la rave party au Festival de Nova. Ils marchaient sur la route, se rendaient à la synagogue en ce shabbat et jour de fête de Joie de la Torah, Simhat Torah,

2. «Nazi Soldiers Use Jewish Infants for Footballs, Jewish Red Army Man Relates», *JTA*, Archives du 7 octobre 1942. Tous les articles cités dans ce texte sont consultables en ligne.
3. Voir la carte des massacres sur le site : oct7map.com.

comme Moshé Ben Porat[4], « le vertueux et le modeste », pour reprendre les mots de l'oraison d'un de ses amis. Ils dormaient ou buvaient un café, ou priaient ou dansaient. Dansaient.

Yaakov, du kibboutz Kfar Aza, témoigne : ce 7 octobre, il a réussi par miracle à mettre sa famille à l'abri à Jérusalem et est retourné chez lui combattre les terroristes et surtout essayer de sauver des victimes. Il raconte être entré dans le kibboutz dans la maison d'amis. Il les a tous trouvés assassinés. Le père était attaché à une chaise, l'œil qu'on lui avait crevé était par terre. Sa femme était dénudée et à côté, leur nourrisson de quelques mois, la tête éclatée. Yaakov et sa famille avaient assisté à sa circoncision, peu de temps auparavant. Partout traînaient des pieds et des mains qu'on avait arrachés aux uns et aux autres[5].

Cependant, cette carte interactive ne dit pas combien de personnes en réalité ont été touchées par ce massacre perpétré par le Hamas, qui en hébreu signifie « violence ». Car ces êtres de tous âges avaient tous une histoire brutalement interrompue, des rêves, des réussites, des échecs, des espoirs. Ils avaient une famille, des enfants ou auraient pu en avoir, des compagnons, des compagnes et des amis. Des ex et des futurs. C'est tout un peuple qui a été touché. En Israël comme en diaspora.

On s'est parfois demandé ce qui se serait passé
Si les médias sociaux avaient existé au temps de la Shoah
Si le monde avait su… En plus de ce qu'il savait déjà, en fait.
Un Israélien, Mati Kochavi, avec sa fille, Maya, l'a imaginé[6]
« *What if a girl in the Holocaust had Instagram ?* »

---

4. Times of Israël staff, « Moshe Ben Porat, 58 ans : Un « homme de foi » tué avant la *brit* (circoncision) de son petit-fils », *Times of Israël*, 8 mars 2024.
5. Reportage rediffusé par i24 News en français, le 14 mars 2024 et écouté sur leurs ondes radio.
6.Jordana Miller, « *What if you could Instagram the Holocaust? A question sparks controversy* », *ABC News* 1er mai 2019.

Il a tourné en 2019, une série, *Eva Stories*, à partir de l'histoire vraie
D'une jeune juive de 13 ans originaire de Hongrie
En quelques épisodes, elle nous raconte
Sa vie, dans un premier temps insouciante, jusqu'à l'invasion des nazis
Elle est morte déportée à Auschwitz en juin 1944.

Mais maintenant l'on sait…
Les assassins du Hamas filmaient leurs crimes et les corps mutilés
Avec les caméras qu'ils portaient sur eux
« Regarde combien j'ai tué de Juifs de mes propres mains », s'exclame l'un d'entre eux
En appelant son père
« Ton fils tue des Juifs ! Je l'ai tuée, elle et son mari. J'en ai tué dix de mes propres mains !
Papa, dix de mes propres mains ! »
« Oh, mon fils, que Dieu te bénisse », lui répond le père avec la même excitation que son fils[7].
Ivres de sang et de joie
Ils filmaient les viols et les tortures
Seins coupés, parties génitales mutilées
Ils envoyaient en direct ces horribles images aux familles de leurs victimes
Usant des cellulaires de ces êtres martyrisés
Dans la poche de l'un des criminels, mis hors d'état de nuire,
On a retrouvé un glossaire avec des phrases en arabe traduites en hébreu
« Enlève ton pantalon », « Retourne-toi[8] »
Ces femmes étaient souvent violées collectivement
Leur pelvis était brisé
On les violait parfois même après leur mort
Et pourtant, malgré ces images tournées par les assassins eux-mêmes

---

7. Kelman Marti, « Papa, j'ai tué dix juifs », *Midi libre*, 25 octobre 2023. À partir d'un article d'Alyssa Guzman, « Un terroriste du Hamas se vante d'avoir tué des Juifs », *New York Post*, 24 octobre 2023.
8. Julia Christ, « De l'indifférenciation à l'indifférence. Sur les viols de masse le 7 octobre en Israël », la Revue *K*, 29 novembre 2023.

Il y a
De la part de certains et certaines dans le monde arabe comme occidental ou ailleurs
Un déni, un refus, un négationnisme de toute cette barbarie
On est obligé d'exfiltrer, des manifestations de femmes contre les violences,
Les femmes qui osent en parler
Ou demander la libération des otages, dont certaines continuent à être violées
Dans les tunnels de Gaza
On relativise aussi
L'universitaire et militante Judith Butler « déplorerait » ces crimes
Mais estime qu'ils sont un acte de résistance[9].

« *We zaynen do* », nous sommes encore là
Avait écrit Hirsh Glick dans le ghetto de Vilna
Ses paroles sont devenues celles du *Chant juif des partisans*[10]
« *We will dance again* »
Je voulais me le faire tatouer sur l'épaule

Mais l'antique interdit m'a retenue.
Il y a toujours eu des Juifs de Kippour
Ainsi nommait-on ceux qui jeûnaient ou ne venaient à la synagogue que ce jour-là
Nous serons toujours des Juifs du 7 octobre
Et du jour d'après.

Sonia Sarah Lipsyc
Fondatrice de Aleph-Centre d'Études Juives Contemporaines
et du cercle Ora-Connaissance du Judaïsme (Montréal),
Dramaturge, poète

---

9. Voir Eva Illouz, « Les propos de Judith Butler sur le Hamas nous rappellent que les intellectuelles aussi peuvent se livrer à la supercherie », *Le Monde,* 14 mars 2024.
10. « *Zog Nit Keynmol* » (Ne dis jamais que tu vas ton dernier chemin).

Conversation :
On tue des Juifs parce qu'on tue des Juifs

Stéphane Habib,
Antoine Strobel-Dahan

Antoine Strobel-Dahan[1] : J'aimerais poursuivre avec vous une question que je vous avais posée il y a quelques semaines pour une courte vidéo [visible sur le site de *Tenoua*], une question que j'avais introduite par un « pourquoi », dont vous me disiez à quel point déjà ce « pourquoi » était problématique. Il s'agit de ce que nous avons ressenti comme un réveil antisémite, un déchaînement antisémite dans la foulée immédiate d'un massacre antisémite, réveil qui va très loin depuis quelque temps puisqu'on a vu, à New York par exemple le 25 octobre, une foule poursuivre physiquement des gens, poursuivre des Juifs, *pour leur faire quoi ?* je l'ignore mais, même si chacun des individus qui composent la foule à cet instant ne désire peut-être pas lyncher des Juifs, on sait le danger d'une foule en rage. Il me semble que ces épisodes sont incompréhensibles et figent les gens qui les observent avec un sentiment de « ce n'est pas juste/possible », de *WTF*, de « que nous arrive-t-il ? »

Stéphane Habib : Ce n'était pas si mal d'avoir à y répondre très brièvement sur Instagram parce que, sinon, il faut y répondre très

1. Texte publié dans le numéro 194 de *Tenoua*, décembre 2023, « 07/10/2023 – Penser malgré tout ».

longuement. Cette question oblige d'abord à rappeler que, si on veut être précis avec l'antisémitisme, on doit le définir comme la volonté de mettre à mort des corps juifs. La notion de volonté, ici, restant du côté de l'euphémisme : c'est la mise à mort de corps juifs. Je dis ça parce que vous dites dans un sourire qu'on ne lira pas sur le papier, qu'on peut se demander *pourquoi* ils poursuivent des Juifs. Évidemment c'est pour les tuer, qu'ils soient finalement tués ou pas. Si on refuse de définir ainsi l'antisémitisme, on ne parle pas singulièrement de l'antisémitisme qui vise, toujours, la mort. L'antisémitisme parle une langue qui ne dit qu'une chose, tout le temps, quelle que soit sa forme : «Mort aux Juifs». C'est le point le plus minimal depuis lequel on doit commencer à réfléchir si on parle de l'antisémitisme.

ASD : Cette singularité est compliquée parce que les racismes, disons racialistes, multiples, qui ne cherchent pas nécessairement initialement à tuer, ne sont pas pour autant dérangés par la mort de ceux qu'ils haïssent.

SH : C'est un point très important parce que, s'il y a quelque chose que je souhaite profondément et non sans désespoir aujourd'hui, c'est l'articulation de toutes ces luttes, ce qui veut dire que, soit on arrive à faire travailler ensemble toutes les luttes minoritaires, soit chaque lutte minoritaire se distingue des autres et crée elle-même ce contre quoi elle lutte, ce à quoi on est en train d'arriver en ce moment même. Quand je distingue l'antisémitisme, c'est pour penser en termes de singularité, ce qui passe par refuser la comparaison qui, dans les luttes politiques que nous connaissons, ne permet que de hiérarchiser les morts ou les victimes. La comparaison ne permet pas de penser le vif de chacune des luttes dont nous parlons.

ASD : Elle ne le permet pas mais n'y a-t-il pas à un moment une nécessité de reconnaître que le racisme aussi tue ?

SH : Le racisme tue toujours. C'est pourquoi il y a une oscillation entre la volonté de tuer et le fait de tuer. Fondamentalement, l'antisémitisme veut la mort des corps juifs, quand fondamentalement le racisme ne veut pas forcément la mort des corps mais il a indéniablement pour effet la mort, il peut la vouloir mais ceci n'est pas la condition nécessaire à le qualifier de racisme. Ce que j'essaye de dégager au sujet de l'antisémitisme, c'est un critère qui le rend d'une part indubitable, en tant que fait, et d'autre part à faire cesser les tergiversations quand une mort juive arrive, pour savoir si oui ou non c'est de l'antisémitisme, tergiversations qui ouvrent la porte à toutes les dénégations, à tous les dénis et donc à la perpétuation des faits antisémites.

ASD : Je reviens alors à cette question qui pétrifie : « Pourquoi, plus on tue des Juifs, plus on tue des Juifs ? »

SH : C'est une question difficile et qui, depuis que vous me l'avez posée, m'obsède et m'a remis au travail, à l'écriture, en raison de ce « pourquoi ». Prenons d'abord le « pourquoi », avant même de réfléchir à « plus on tue des Juifs, plus on tue des Juifs ». Un des grands problèmes est la volonté très humaine de causalité : on veut absolument pouvoir comprendre et dire *« Pourquoi ? Parce que »*. Ce sont les Juifs eux-mêmes, victimes de cet antisémitisme en ce moment, qui demandent pourquoi. Pourquoi nous ? *Pourquoi tuer des Juifs*[2] *?* Il m'est venu à l'idée immédiatement que la question du *pourquoi* est traitée dans *Si c'est un homme* de Primo Levi. Il y raconte un épisode[3] où, enfermé à Auschwitz et assoiffé, il tente de se désaltérer avec un glaçon qui s'est formé à la fenêtre quand un garde le lui arrache. À sa question « Pourquoi ? », le garde lui

2. Ce sont les derniers mots du livre *Il y a l'antisémitisme* de Stéphane Habib, LLL, 2020, empruntés à Mathieu Riboulet, *Entre les deux il n'y a rien*, Verdier, 2015.

3. « Et justement, poussé par la soif, j'avise un beau glaçon sur l'appui extérieur d'une fenêtre. J'ouvre, et je n'ai pas plus tôt détaché le glaçon, qu'un grand et gros gaillard qui faisait les cent pas dehors vient à moi et me l'arrache brutalement. *« Warum ? »* dis-je dans un allemand hésitant. *« Hier ist kein warum »* (ici il n'y a pas de pourquoi), me répond-il en me repoussant rudement à l'intérieur. » Primo Levi, *Si c'est un homme* (Julliard, 1987).

répond « Ici il n'y a pas de pourquoi ». Il faut, et à la fois il ne faut pas, étendre ce « Ici il n'y a pas de pourquoi » à l'antisémitisme en général. Parce que si on répond à la question « pourquoi » de l'antisémitisme, on laisse entendre – à ceux qui veulent l'entendre ainsi – qu'alors il y a une raison à l'antisémitisme. S'il y a une raison, il y a une justification possible. D'autre part, on ne parvient pas à se passer de cette question « pourquoi », on en a besoin pour se rassurer, ou pour se consoler. *Il faut et il ne faut pas*, dis-je, parce que si on dit que l'antisémitisme interdit le *pourquoi*, on donne aussi raison à la phrase du garde nazi, « Ici il n'y a pas de pourquoi ». Mais en fait le nazi est trop court – et tant mieux : ce n'est pas qu'il n'y a pas de *pourquoi*, en vérité c'est qu'il n'y a pas de *parce que*, et c'est très différent. Il n'y a pas de *parce que* qui réponde à ce *pourquoi*, qui vienne combler le trou de cette question. Il n'y a pas de *parce que* parce qu'il y a trop de *parce que*. On peut évidemment donner une réponse à « Pourquoi tuer des Juifs ? » qui soit théologique, historique, philosophique, métaphysique, psychanalytique mais, finalement, on continuera à demander pourquoi on tue des Juifs. Le nazi interdit le *pourquoi*, soit. Or je dis l'impossible du *parce que* et je le dis aussi pour une raison très politique : si je réponds par *parce que*, je donne encore la possibilité d'une justification. Mais en réalité, on tue des Juifs parce qu'on tue des Juifs.

ASD : Autrement dit, les Juifs qui vivent l'antisémitisme en ce moment ou à d'autres moments, et pour qui c'est insupportable et incompréhensible, *ont le droit* de demander pourquoi. Et en ça c'est différent du cas de Primo Levi qui *n'a pas le droit* de demander pourquoi

SH : Oui. Et c'est pourquoi je ne dis pas que la logique de l'antisémitisme est seulement la logique du camp nazi – ce serait là aussi perdre la singularité de la Shoah. Et on ne peut pas *ne pas* se demander « Mais pourquoi ? », c'est toujours la première question qui vient. C'est le passage de l'interdit à l'impossible. Dans le camp nazi, il y a un interdit du *pourquoi*.

Dans l'antisémitisme dont nous parlons, hors du camp, il y a un impossible du *parce que*. Dire l'impossible n'est pas un argument paresseux pour cesser de penser l'antisémitisme, c'est au contraire un pousse-à-la-pensée et au combat : à partir du moment où le *parce que* est impossible, on ne peut être qu'obsédé par les *parce que*, et donc continuer à penser, à écrire, à interroger, à militer et à lutter politiquement.

ASD : Pour autant, le psychanalyste que vous êtes et le journaliste que je suis observons, voyons, entendons des choses. Et ce que j'observe, c'est qu'un massacre terrifiant de Juifs a réveillé ou a brisé l'impossibilité de l'expression de l'antisémitisme. J'y reviens donc encore : « Pourquoi plus on tue des Juifs, plus on tue des Juifs ? »

SH : Il faut évidemment attaquer cette question par plusieurs côtés. Lorsque vous m'avez posé la question la première fois, m'est venue par association immédiate la phrase tirée du film *Welcome in Vienna : Santa Fe* d'Alex Corti que cite Marceline Loridan-Ivens dans *Et tu n'es pas revenu* : « Ils ne nous pardonneront jamais ce qu'ils nous ont fait ». Je crois que cette phrase ouvre la possibilité de comprendre quelque chose au fait qu'un massacre appelle, non pas à ce qu'on protège les victimes, mais d'autres massacres. J'ai pensé à cette phrase parce que c'était l'insupportable de ce qui est commis au titre du massacre des corps juifs qui poussait à vouloir la mort de tous les corps juifs en tant qu'indices de l'horreur qui a été commise. Il y a un acharnement que j'avais associé à la phrase de Freud selon laquelle, dans le meurtre, « le difficile n'est pas d'exécuter l'acte mais d'en éliminer les traces[4] ». Chaque corps juif est peut-être la trace du meurtre des corps juifs. S'en prendre aux Juifs après un massacre de Juifs, c'est vouloir effacer les traces du meurtre tout en – et c'est là que ça devient extrêmement retors – revendiquant le meurtre des corps juifs, en

4. Sigmund Freud, *L'homme Moïse et la religion monothéiste*, Gallimard, 1986.

en faisant des images et en faisant circuler ces images afin qu'elles soient le plus vues possible.

ASD : En les faisant circuler le plus possible pour permettre ce réveil de l'antisémitisme ?

SH : Je crois intimement qu'il y a un phénomène de libération des pulsions devant le spectacle qui rend la mort possible. Dans les trois monothéismes, le meurtre est interdit, « Tu ne tueras point ». La transgression de cet interdit permet de constater qu'il est possible de transgresser un interdit et donc libère cette possibilité. Les images du massacre du 7 octobre auront permis à d'autres de faire ce qui était rendu possible. Et on voit avec ces images filmées et leur mise en circulation, que le meurtre des corps juifs ne se suffit pas à lui-même, et que, dans l'acharnement de l'antisémitisme, il faut encore tuer les corps-morts, continuer à tuer les morts.

ASD : Faut-il juste continuer à tuer les morts ou faut-il aussi faire en sorte que les vivants ne puissent plus vivre non plus ? Le 7 octobre, les meurtriers se sont non seulement filmés eux-mêmes avec des caméras embarquées, mais ils ont aussi filmé, avec les téléphones de leurs victimes, comment ils profanaient leurs cadavres, avant d'envoyer ça à tous les réseaux sociaux de leurs victimes, afin que leurs proches, ceux qui les aimaient, assistent à ça sans pouvoir y échapper.

SH : Bien sûr, c'est le but du terrorisme que de terroriser. Et terroriser sert à empêcher de vivre, voire à pousser à la folie ou au suicide. Il y a bien des manières d'empêcher un corps parlant de vivre ; le rendre malade en est une, lui faire peur en est une autre. Vous venez de parler de la profanation des corps qui viennent d'être assassinés, qui renvoie à la profanation des corps-morts enterrés, comme dans le cimetière de Moulin-sous-Touvent dans l'Oise mi-novembre.

ASD : Il s'agit de profanations de sépultures de soldats juifs allemands de la Première Guerre mondiale, ce n'est pas anodin du tout.

SH : Il est même très important de le rappeler parce qu'il

faudrait ici commencer à parler des alliances aberrantes auxquelles donne lieu l'antisémitisme. La profanation des tombes juives est la déclaration du prolongement de la mort des morts. Ce n'est pas simplement qu'on vient souiller du sacré, c'est qu'on voudrait pouvoir faire mourir la mort des morts eux-mêmes. Cela me rappelle la phrase de Maurice Blanchot dans son texte *Être juif :*

> Exclure les Juifs, non, vraiment, cela ne suffit pas ; les exterminer, cela n'est pas assez : il faudrait aussi les retrancher de l'histoire, les retirer des livres par où ils nous parlent, effacer enfin cette présence qu'est, avant et après tout livre, la parole inscrite et par laquelle l'homme, du plus loin, là où manque tout horizon, s'est déjà tourné vers l'homme : en un mot supprimer « autrui ».

Là où Blanchot va très loin dans sa manière de déplier les mécanismes de l'antisémitisme, c'est qu'il dit qu'il faut même retrancher les Juifs de leur histoire intime, profaner leurs corps-morts, et leur retirer aussi leur mort. Il faut, pour l'antisémitisme, la mort de la mort des corps juifs.

ASD : On observe avec les profanations une forme de frustration face à ce salaud de Juif mort qui ne me laisse même plus le tuer et une inopérance des tabous : normalement, déterrer un corps devrait faire peur mais là, on n'a même pas peur du fantôme du Juif.

SH : C'est très fort parce que, si je suis votre hypothèse, on vise, dans la mise à mort des corps juifs et des corps-morts juifs, l'impossibilité que le fantôme revienne. L'impossibilité de la revenance du revenant. L'impossibilité que le « revenant » (le fantôme) fasse retour pour hanter. Pas de retour du Juif, même mort, même imaginaire. Le fantôme et le fantasme, c'est étymologiquement le même mot, cela relève en tant que « scénario » de l'imaginaire. Donc ici on vient annihiler la possibilité même de l'imaginaire du Juif. C'est l'exclusion, le retranchement du possible corps juif, vivant ou mort. Depuis n'importe quelle représentation et sous n'importe quelle forme.

ASD : Dans cette frustration ou cet acharnement, on se dit que, même une fois tous les Juifs morts, l'antisémitisme ne prendrait pas fin, qu'il faudrait encore tuer à l'infini, comme s'il n'y avait pas d'issue possible – tout ça ne rend guère optimiste.

SH : Ça devrait nous rendre optimistes. Il faut entendre tout ce que nous disons comme des possibilités qu'on se donne. À quoi cela sert-il de penser tout ça, de démonter les mécanismes de l'antisémitisme ? Ce sont des outils pour une lutte. L'outil pour la lutte est déjà la lutte. Plus on pense la question, et aussi loin qu'on essaye de la penser, plus on lutte, parce qu'on parle. Ce que dit Blanchot dans son texte, c'est qu'en attaquant les corps juifs, on vient attaquer la possibilité de la parole, ce n'est pas rien. Plus on parle, plus on lutte. Faire entendre ce que c'est que l'antisémitisme, rendre manifeste qu'il y a de l'antisémitisme, c'est déjà lutter contre l'antisémitisme parce que la première chose que fait l'antisémitisme, c'est de se nier comme antisémitisme. Ce que vous venez de dire sur l'increvabilité de l'antisémitisme donne raison, encore une fois, à Sartre quand il dit que « si le Juif n'existait pas, l'antisémite l'inventerait ». L'antisémite a une capacité d'invention des corps juifs infinie ; il lui en faut et s'il lui en faut, il en produit par la mise à mort des corps fantasmés, délirés, affirmés juifs.

Stéphane Habib
Philosophe et psychanalyste

Antoine Strobel-Dahan
Rédacteur chef de *Tenoua*

Table des matières

TROISIÈME PARTIE. DIRE, TÉMOIGNER, RÉSISTER

Composition : Rudy Nimsguerns

Achevé d'imprimer
sur les presses de la Nouvelle Imprimerie Laballery
58500 Clamecy

N° d'impression : 409066
Achevé dimprimer : septembre 2024
Dépôt légal : octobre 2024

Imprimé en France